꽃 같은 인연

꽃같은 인연

초판 1쇄 인쇄 2016년 5월 23일
초판 1쇄 발행 2016년 5월 30일
지은이 / 고재우
펴낸이 / 김양수
펴낸곳 / 도서출판 맑음샘
편집 / (주)광장A&C
주소 / 경기도 고양시 일산서구 중앙로 1456 서현프라자 604호
전화 031) 906-5006 팩스 031) 906-5079
이메일 / okbooksam.co.kr
홈페이지 / www.booksam.co.kr

ISBN / 979-11-5778-136-2 (03330)

「이 도서의 국립중앙도서관 출판시도서목록(CIP)은 서지정보유통지원
시스템 홈페이지(http://seoji.nl.go.kr)와 국가자료공동목록시스템
(http://www.nl.go.kr/kolisnet)에서 이용하실 수 있습니다.(CIP제어번호: CIP2016012869)」

꽃 같은 인연

고재우 지음

맑은샘
도서출판

이 책을 어머니의 영전에 바칩니다

모든 만남은 향기로운 꽃같은 인연입니다

백두산 천지의 비탈을 따라 흐드러지게 핀 야생화와
부산 남산동 관자재병원(왼쪽), 연산동 관자재병원(오른쪽) 의
합성사진.

　　10여 년 전 민족의 영산 백두산 등반길에서 흐드러지게 핀 야생화를 보고 넋을 잃었던 적이 있습니다. 두메양귀비, 호범꼬리, 바위돌꽃, 가솔송, 두메냉이, 두메자운, 바위구절초, 둥근바위솔, 참개싱아, 나도개미자리⋯. 한참 뒤에 알게 된 정겨운 이름들의 그 꽃들은 산비탈을 따라 산정상 천지에 이를 때까지 곳곳에 피어 있었습니다. 수많은 세월동안 그 척박한 환경을 극복하고 꿋꿋이 생명을 이어 온 그 꽃들은 대자연의 경이로움을 느끼게 했습니다.

홀로도, 무리지어서도, 때로는 바위틈을 비집고 피어 있는 야생화들이 어찌나 고왔던지 저는 쪼그려 앉아서 사진을 찍고 꽃밭에 누워서 뒹굴기도 하면서 어린 소녀가 된 듯 황홀해 했습니다. 그러다 땅바닥에 착 달라붙어 있는 작은 꽃 하나를 발견하고 '어쩌면 이렇게 아름다울까' 하는 생각에 무심코 향기를 맡으려 코를 대보는 순간 콧속이 찡해 왔습니다. 한 치도 못 되는 꽃대에 달린 앙증맞고 조그만 꽃이 그렇게 진한 향을 내뿜는 것이 나는 그저 신비롭고 놀랍기만 했습니다.

그 꽃 근처에는 한 무더기의 화려한 빛깔을 자랑하는 키 큰 꽃들이 군락을 이루어 피고 있었습니다. 그 꽃들은 보는 사람을 황홀하게 만들 만큼 크고 화려한 색깔을 자랑하고 있었습니다. 저는 이번에는 그곳으로 달려가 꽃잎에 코를 파묻었지만 금방 실망해야만 했습니다. 아무리 킁킁거려도 향기가 나지 않는 것이었습니다. 참으로 의아했습니다. 작은 꽃은 저토록 향기가 진한데, 이렇게 크고 색깔이 고운 꽃들은 왜 향기가 없는 것일까?

그리고 세월이 흐른 어느 날, 사진첩을 정리하던 저는 그때 만났던 백두산의 야생화들을 보면서 문득 깨달음 하나를 얻게 되었습니다. 사바세계에 던져진 모든 중생은 모진 풍파에도 저마다의 아름다움을 자아내는 한 송이 꽃이며, 모든 만남은 향기로운 꽃 같은 소중한 인연임을.

제가 관자재보살 부처님의 자비를 실천하여 병원을 찾는 모든 이들을 내 몸처럼, 내 가족처럼 보살피겠다는 서원으로 남산동 관자재병원을 설립한 지 5년이 흘렀습니다. 그동안 부처님의 크나큰 가피와 많은 분들이 보내주신 성원으로 지난해에는 300병상 규모의 부산 연산동 관자재병원을 개원할 수 있었습니다. 관자재병원의 오늘이 있기까지 대한불교 조계종 정수사 원광 큰 스님의 원력이 무엇보다 큰 힘이 되었습니다. 묵묵히 내 옆을 지켜준 사랑하는 아내와 아이들, 그리고 제게 자비희사 사무량심을 일깨워주시고 불초자의 병원에서 얼마 전 세상을 떠나신 어머니…. 병원설립과 운영에 이르기까지 지도와 격려를 아끼지 않았던 부산대학교 의과대학 김윤진 교수님, 최고경영자과정 조덕영 교수님께도 고마움을 전합니다.

열악한 근무환경 속에서도 부족한 가장의 뜻을 헤아려 묵묵히 자기 일에 몰두해 온 직원들과 편안히 모시려는 우리의 마음을 혜량하시어 여러 가지 부족한 점을 너그러이 이해하고 잘 따라주신 환자와 가족 여러분들이야말로 오늘의 관자재가 있게 해 주신 참으로 고맙고 소중한 분들임을 늘 기억하고 있습니다. 모두가 저와의 인연이 있어 만났습니다. 이 인연 좋은 인연이었으면 좋겠습니다. 모두에게 관음죽의 꽃말처럼 행운이 깃들길 빕니다.

관자재요양병원은 부처님 병원입니다. 부처님의 가피로 만들어졌고 부처님의 뜻에 따라 운영됩니다. 관자재요양병원은 부처님 품안입니다. 부처님의 자비로 마음의 아픔까지 치료하면서 가족간의 사랑을 키워가는 곳입니다. 그래서 가족 모두가 행복해지는 병원입니다. 관자재요양병원은 자식이 당당해지는 곳입니다. 자식에게 미안한 마음, 부모님께 고마운 마음, 서로에 대한 애틋한 마음을 느끼게 하는 곳입니다.

관자재병원은 저의 꿈과 혼을 담은 곳입니다. 내 살아온 전부가 녹아 있는 관자재요양병원이 환자와 가족, 직원 모두가 만족하는 병원이 되고 나아가 사회에도 기여하는 그런 병원이 되기를 진심으로 소망합니다.

2016년 5월

고 재 우

　　건물 곳곳에 부처님의 자비를 담고 있는 병원. 건축가인 저자가 부처님의 원력을 얻어 어머니를 모시는 병원을 만들겠다는 마음으로 지은 병원. 건물의 작은 공간 하나까지 세심한 정성이 묻어나는 병원. 부처님의 큰 뜻을 모든 어르신에게 전하려는 소망으로 가득한 병원. 바로 관자재요양병원이다. 건축을 천직으로 살아가던 저자는 1990년대 말 온 나라에 밀어 닥친 경제위기의 와중에 인생에 대한 각성과 오랜 봉사활동 경험, 부처님과의 인연으로 노인요양병원의 뜻을 세웠다고 한다.

저자가 노인요양병원 설립과정에서 얻은 귀중한 경험이 책으로 출간되었다. 병원의 설립과정에서 맞닥뜨린 문제들에 대해 솔직하고 담백하게 털어 놓았다. 입지선정, 건축, 공간배치와 실내 조경 등에 대한 생각을 건축가의 관점에서 어떻게 반영했는지에 대한 기록이 있다. 도시 속에 있으면서도 조용하고 쾌적한 위치에 주변과 조화를 이루면서 남향으로 서 있는 병원의 건축 이면에 있는 이야기들이 적혀 있다. 기존의 틀에 매이지 않고 노인요양이라는 본질에 충실한 건축을 위하여 저자가 시도한 건축기법들이 소개되어 있다. 전통적인 환경에 익숙한 노인을 위하여 최대한 일상생활과 비슷한 실내 거주 환경으로 조성하려고 한 노력도 담겨 있다. 옥상의 텃밭과 야외정원, 문턱 없는 병실, 환기를 위한 세심한 배려 등 곳곳에 저자의 깊은 사려가 드러나기도 한다.

관자재병원에는 부처님의 자비가 건축의 언어를 빌려서 형상화되어 있다. 상징적으로 병원의 로비에는 나무 한 그루가 심어져 있다. 평범하게 보이는 이 나무는 실제로는 매우 특별한 나무이다. 이 나무는 얼핏 보기에는 화분에 담겨 돌로 된 로비 바닥에 놓여 있는 것 같지만 자세히 보면 그렇지 않다. 나무는 화분이 아니라, 흙으로 된 맨땅에 뿌리를 내리고 있기 때문이다. 애초에 흙 채로 남겨진 로비 공간에 심어져 직접 땅의 기운을 받아 자라는 이 나무는 관음죽이다. 부처님의 자비를 어르신에게 마음으로 전해드리겠다는 저자의 숭고한 뜻이 형상화 되었다고 생각한다.

"우리의 만남은 꽃 같은 인연입니다."

관자재요양병원은 건축가가 자신이 운영할 병원으로 직접 지은 노인요양병원이라는 점에서 큰 의미가 있다. 본서는 저자가 구현하고자 하는 의료의 이념이 어떻게 건축의 기법으로 표현되어 있는지 볼 수 있어 노인요양병원 건축의 좋은 참고가 될 수 있을 것이다. 또한 개인적인 경험으로만 남아있고, 기록으로는 잘 남아있지 않은 우리나라 노인요양병원의 설립과정을 이해하는 데 좋은 자료가 될 것이다. 아울러 이 책에는 노년기에 대한 고찰에서 출발해 노년기 질병과 치료, 노인의료정책 등에 대한 저자의 평소 생각과 병원운영 철학이 체험적으로 녹아 있어 요양병원의 설립과 운영에 관심을 가지고 있는 분들에게 큰 도움이 될 것으로 믿는다.

수 없이 많은 인연이 스쳐가는 세상에서, 관자재요양병원이 한번 맺어진 인연의 끈을 부처님의 자비로 더욱 의미 있고 행복하게 하는 건강과 장수의 전당으로 발전하기를 기원한다.

부산대학교병원 가정의학과 교수

김 윤 진

목차 CONTENTS

제 1 장

관자재 부처님의 이름으로

꽃같은 인연

아난아, 이 보살의 이름은 관세자재觀世自在이며, 이 보살에게는 불가사의한 위신력威信力이 있느니라. 이 보살은 이미 과거 무량겁 전에 성불하였으니 이름이 정법명왕여래正法明王如來였느니라. 그러나 대비원력大悲願力으로 일체의 보살을 발심시키고, 모든 중생을 제도하여 안락하게 해주기 위해 다시 보살로 화현한 것이니라.

– 대비경大悲經

번뇌의 수렁에서
자비행을 소망하다

일평생 건축일만 하던 내가 턱하니 요양병원을 운영하는 것을 두고 의 아해 하는 사람들이 많다. 요양병원도 병원이고 병원은 대개 의사출신들 이 하는 일이라 여기므로 그렇게들 생각하는 것이 어쩌면 당연한 일인지 도 모르겠다.

경남 의령에서도 아주 외딴 봉수면 신촌이라는 곳에서 태어난 나는 부 산에서 대학을 졸업하자마자 회사를 차려 건축업에 뛰어들었다. 그때가 1980년대 초였고 내 나이 20대 후반이었다.

패기와 열정만으로 시작한 사업은 조그만 상가건물부터 시작해 학교건 물, 금융기관 연수원, 복지시설 건축 등 다양한 분야로 확장되며 번창일로를 걸었다. 그러나 '화무십일홍花無十日紅'이라 했던가? 1998년 대한민국에 불어 닥친 IMF의 광풍은 20여년간 다빈종합건설주식회사, (주)제우산업개발이라는 회사를 경영하며 승승장구하던 사업을 주춤거리게 만들었고 한참을 앞만 보고 열심히 달리던 나로 하여금 뒤를 돌아보게 했다.

누구나 한번쯤은 인생의 고비에서 자신을 돌이켜 볼 시간을 가지는 때가 있다. '과연 나는 잘 살고 있는 것인가?', '지금 가고 있는 이 길이 진정한 나의 길인가?', '어떻게 사는 것이 진정 행복한 삶인가?' 밑도 끝도 없이 마음 속 깊은 곳에서 떠오르는 질문들. 그 허황한 것 같으면서도 의미심장한 화두에 깊이 잠기다 보면 가던 길이 바뀌기도 하고 삶의 의미가 새롭게 느껴진다고들 한다. 그때 내 경우가 그랬다.

따지고 보면 건설업처럼 경기에 민감한 분야도 많지 않다. 사업을 하는 동안, 끊임없이 오르내리며 자맥질하는 건축경기를 따라잡느라 생활은 늘 긴장과 불안의 연속이었다. 젊고 패기에 가득 차 겁 없이 사업을 추진하던 젊은 시절은 몰라서 헤쳐 왔다지만 산전수전 다 겪고 그 무서운 IMF까지 겪고 나자 '이 길이 정말로 내가 가야할 길인가?'하는 회의감이 몰려들었다.

한번 회의감이 몰려들자 흐트러진 마음은 제자리를 찾지 못해 둥둥 떠다녔고 잠을 설치는 날이 많아졌다. 수 많은 밤을 뒤척이며 고민하던 나는 마침내 결단을 내렸다.

'그래! 위기가 기회라고 하지 않던가. 지금이 진정 내가 하고 싶은 일을 시작할 때다!'

내가 건축업을 접고 요양병원을 설립할 결심하게 된 것은 한국복지재단

활동과 그곳에서 맺은 소중한 인연 때문이었다. 그즈음 급격한 노령화시대를 맞아 노인문제가 사회문제화되면서 이에 대해 정부가 실버산업 활성화와 요양병원이나 노인병원에 대한 지원대책을 내놓는 등 사회전반적인 분위기도 나의 결심에 결정적인 영향을 주었다.

치매와 각종 노인병으로 건강이 급속도로 악화되고 있었던 어머니를 편안히 모실 집을 지어보

사진찍기를 유난히 싫어하는 성격 탓에 한국복지재단으로부터 받은 감사패 하나만 달랑 남았다. 돌이켜보면 이때의 봉사활동이 오늘날 관자재병원 설립의 단초가 된 것 같다.

자는 각오도 한몫했다. 집이든 병원이든 '짓는 일' 하나만은 자신이 있었다.

건축일에 한창 몰두하던 1980년대말이었다. 지인으로부터 한국복지재단(지금의 초록우산 어린이재단) 후원회원으로 가입해 보지 않겠느냐는 권유를 받았고 '좋은 일'이라는 생각으로 쾌히 승낙했다.

그때부터 2003년까지 나는 소년소녀가장 결연사업 후원금을 지원하고 한 달에 한 번 고아원과 양로원, 장애인시설 등을 방문해 왔었다. 후원물품을 전달하고 청소와 빨래, 목욕 같은 봉사활동을 했으며 나중에는 한국복지재단 부산시지부 후원회 부회장을 10년 동안 맡기도 했다.

'봉사는 중독'이라고 했던가. 처음에는 낯설고 서먹했던 일들이 차츰 익

숙해지면서 부산, 경남지역의 복지시설은 거의 안 다녀본 곳이 없을 정도가 되다시피 열과 성을 가지고 활동하다 보니 어느새 뿌듯한 보람을 느끼게 되었고 어쩌다 한 번이라도 봉사활동에 빠지게 되면 뭔가 허전한 느낌에 일이 손에 잡히지 않기도 했다.

한국사회복지재단에서 봉사활동을 하면서 만난 두 사람과의 인연은 인생과 사회를 보는 시각을 바꿔 놓았다. 1984년부터 지금까지 후원회장을 맡고 계시는 '국민아버지' 탤런트 최불암 선생님과 지금은 타계하신 고 김석산 당시 재단회장님이 그분들이다.

특히 생전에 '한국사회복지의 산 증인'이자 '소외된 아이들의 아버지'로 불리웠던 고 김석산 회장님은 인생 자체가 한국 사회복지의 역사였다.

1941년 일본 규슈에서 태어나 해방과 동시에 귀국한 김 회장님은 어린 나이에 부모를 잃고 대전의 한 고아원에서 자랐다. 어려운 형편에도 대학에 진학한 김 회장님은 자신이 받았던 은혜에 대한 고마움을 되갚고자 1963년 대학졸업과 함께 한국복지재단의 전신이었던 CCF(Christian Childrens Fund,Inc.)에 입사해 48년간 근무했다. 평사원으로 출발한 김 회장님은 재단 사무총장, 부회장을 거쳐 1995년부터 2010년 작고하실 때까지 15년간 회장으로 재임하면서 우리 사회의 어두운 구석구석에 희망의 등불을 밝혔다.

그분들을 바라보면서 나도 여건만 된다면 사회복지사업을 하고 싶다는 소망을 가지게 되었던 것이다.

한국복지재단

미국 버지니아주 리치몬드에 본부를 둔 기독교 아동복리회(Christian Childrens Fund, Inc.)의 지원을 받아, 1948년에 한국지부로 설치되어 부산에서 불우한 아동들을 위한 구호사업을 시작하였다.

당시에는 주로 미국 기독교인들의 헌금으로 사업을 추진하여 그간 약 10만 명에 달하는 불우아동을 도와 왔다. 뒤에 한국어린이재단의 이름으로 활동했는데, 1994년 한국복지재단으로, 2008년부터는 초록우산어린이재단으로 명칭을 다시 변경하여 현재까지 활동하고 있다.

현재 서울의 본부 산하에 16개의 시도지부와 20개의 사회복지관을 두고 있는데, 대표적인 복지시설로 한사랑 마을·구로노인복지관·근로청소년복지관 등이 있다. 주요사업으로는 정부의 결연사업結緣事業을 위임 받아 347개의 아동복지시설과 영세가정의 아동 3만5000여명을 국내외 후원자의 결연성금으로 돕고 있다.

후원자는 불우한 어린이들을 돕고자 하는 사람으로 월 5,000원·7,000원 ·1만원의 부담액을 내면 되고, 후원기관은 후원자의 사정에 따라 조정된다.

그 밖의 사업으로는 영세가정의 아동들에게 건전한 민주시민으로 성장할 수 있는 기회를 제공하는 가정복지사업과 맹아원·농아원·정박아시설·미감아시설(未感兒施設)에서 보육하고 있는 아동들을 위한 재원지원과 프로그램을 지도하는 시설복지사업이 있다.

또 근로자 부모들의 미취학 자녀들을 보호하고 교육하는 탁아사업을 하고 있으며, 유아원 지원 및 신문배달을 하는 청소년에게 생활관에서 생활지도를 하며, 야간에는 정규교육 및 직업교육을 실시하기도 한다.

꿈을 위한
만행에 나서다

요양병원을 하기로 결정하자 당장 무엇을 어떻게 해야 할 지가 걱정이었다. 의료복지분야는 나에게 생소한 분야였다. 공대졸업과 동시에 건축현장에 뛰어 들어 설계도면과 공사현장에만 익숙한 나로서는 참으로 난감할 따름이었다.

기껏해야 고향 의령에 일붕사 실버타운과 부산 기장군 정관면에 소재한 낙원대실버타운 이렇게 두 곳의 노인복지시설을 지어 본 것이 전부였다.

이 방면에 문외한인 나로서는 우선 공부를 해야겠다고 마음먹었다. 하지만 어디서 어떻게 시작을 해야 할 지 갈피를 잡을 수 없었다. 지침서도, 도움을 청할 대상도 찾기 어려웠다. 급한 마음에 주변의 아는 인맥을 총동원해 의료관계자들을 만나는 것부터 시작했다.

의사, 약사, 병원관리자, 사회복지사…. 만날 수 있는 사람은 모두 만나 자문을 구했지만 각자의 맡은 분야에 대한 조언만 들을 수 있었을 뿐 속 시원한 얘기는 들을 수 없어 가슴은 더 답답해져만 갔다.

그러한 시행착오를 무수히 반복한 끝에 '아하! 내가 너무 조급해 하고 있구나'하는 생각이 문득 머리를 스쳐 지나갔다. 아무리 급하다 한들 실을 바늘허리에 메어 바느질을 할 수는 없는 노릇이 아니던가?

지금 생각해보면 나는 천생 건축가인 모양이다. 건축가는 설계도면 없이는 움직이지 않는다. 앞으로 지어질 건물이 어떻게 이용될지를 염두에 두고 그 용도에 맞게 세부적인 사항까지 반영한 세부설계도가 완성되어야 비로소 첫 삽을 뜨는 것이 건축가인 것이다. 건축가가 설계도를 그리기 위해 필요한 수많은 지식들을 단순히 실무자들과의 대화를 통해 얻으려는 시도가 얼마나 어리석은 짓이었는지 돌이켜보면 실소를 금할 수 없다. 게다가 그 당시는 국내에 '요양병원'이 걸음마를 시작하는 시기였음을 생각하면 더욱 그렇다.

그래서 나는 내 꿈의 설계도에 필요한 지식을 얻기 위해 '노느니 염불한다'는 느긋한 심정으로 사회복지학과를 2년 다녀보았다. 막막함이 더해 또 상담심리학과를 2년 수강했다. 더 안타깝기만 할 뿐 와닿는 것이 없었다. 부산대학교 의과대학에서 개설하는 실버아카데미 과정, 부산시복지개발원에서 주최한 3개월 교육과정 등 내 꿈을 이루기 위해 필요하다고 생각되는 교육과정은 정규과정이든, 사회인을 위한 평생교육과정이든 닥치는 대로 수강하면서 지식을 습득했다.

그렇게 5~6년이 지났을 때에야 내 꿈의 실체를 어렴풋하게 그려 볼 수 있었다. 하지만 학교나 교육기간에서 배운 것만으로는 너무나 부족했다. 책과 강의를 통해 얻은 지식을 당장 실무에 적용하기는 너무도 어려웠다. 대부분의 병원이 의사들에 의해 운영되는 이유를 그제서야 비로소 알 것 같았다.

이번에는 머리에 담은 지식을 바탕으로 실무를 알아야겠다고 마음먹었다. 하지만 중년의 내가 병원에 취업하여 실무경험을 쌓을 수는 없는 일. 작심하고 우리보다 고령화를 먼저 겪은 선진국병원으로 견학을 갔다. 캐나다, 호주, 일본, 싱가포르 등 외국의 요양병원을 방문하여 하나하나 사진을 찍고 내부 스케치도 하고 안내 팸플릿도 가지고 와서 내 나름의 방식으로 공부에 몰입했다.

그즈음 우리나라에서도 요양병원 설립이 서서히 붐을 이루고 있었다. 정부의 대대적인 지원 탓이었다. 요양병원이 들어섰다는 소식이 들리면 어디든 찾아 다녔다. 특히 가까운 부산, 경남에 산재한 요양병원, 요양원은 샅샅이 찾아 하나도 빠짐없이 방문했다. 입원상담을 하는 보호자를 가장하기도 하고 때로는 면회객으로 칭하면서 보고 들은 것을 닥치는대로 기록했다.

나중에 조사한 자료를 검토할 때 세어 보았더니 내가 다닌 병원은 외국병원 20여 곳과 국내병원 80여 곳을 합쳐 100개가 넘어 있었다.

여기서 내가 병원들을 탐방하면서 조사했던 내용을 소개하면 대략 다음과 같다.

부산대학교 의료최고경영자과정 동기생과 일본병원견학 중 찍은 단체사진. 병원에 대해서는 문외한이었던 나는 나이 50이 넘어 열렬학도로 변신하여 병원설립을 위해 동분서주할 수밖에 없었다.

먼저 병원이 들어선 지역의 주변상황을 살폈다. 예를 들어 그 지역의 총인구 수는 얼마이며 65세 이상 인구비율은 어떻게 되는지. 그리고 교통은 혼잡한지 아닌지, 시내버스나 지하철같은 대중교통 상황을 고려한 접근성을 체크했다.

두 번째로 병원건물에 관한 것이었다. 대지면적과 층당 건축면적. 건축연면적 등 건축현황을 조사했다.

세 번째는 병원운영과 환자에 관한 사항이었다. 허가된 병상수는 얼마 입원실 은 몇 실이며 입원실은 몇 인용인지, 환자 1인당 거실면적은 얼마나 넓은지, 휴 게시설은 어떻게 되어 있는지, 환자가 부담하는 입원비는 얼마인지를 분석했다.

여기다 각 병원의 자산규모, 부채규모까지도 면밀히 검토하여 통계자료로 삼 았다.

전국 방방곳곳에 산재한 요양병원을 찾아다니는 동안 나와 만났던 대부분의 병원운영 책임자, 법인 이사장, 병원장들은 나의 병원설립계획에 대해 부정적이었다. '왜 이런 일을 하려고 하느냐, 너무 힘들다. 하지마라'는 조언(?) 일색이었다. 그런 그들은 그러나 내가 '어떤 점 때문에 그러시는지…' 그 이유를 따지고 들어가면 한결같이 얼버무릴 뿐 제대로 된 답변을 들려주지 않았다.

참으로 이상하다는 생각이 들었다. '본인들은 요양병원을 설립하고 운영하면서 왜 나보고는 하지 말라고 하는 것일까?' 그들의 그런 태도는 나에게 묘한 반발심을 일으켰고 오히려 나의 결심을 더욱 확고하게 하는 밑거름이 되었다. '내 생각대로, 내 뜻대로 해보자. 안 될 이유가 없다.' 옆에서 지켜보는 이들은 마음을 졸였겠지만 내 나름대로는 이유있는 오기였다.

만일 그들 가운데 어느 한 사람이라도 요양병원 설립과 운영의 애로점에 대한 솔직하고 논리적인 이야기를 해 주면서 꿈을 접도록 설득했다면 나는 어떻게 했을까? 지금에 와서 이런 가정을 한 번씩 해보지만 그랬다고 해서 내가 주저앉았을 거라고는 생각하지 않는다. 그 당시 요양병원을 해보겠다는 내 결심은 이미 돌처럼 굳어져 있었기 때문이었다.

병원을 순례하는 횟수가 늘어갈수록 그에 비례해서 내 꿈에 대한 자신감도 커져 갔다. 성공할 수 있겠다는 확신도 섰다.

몇 년간에 걸친 병원관련 수업과 국내외 병원들을 견학하면서 수집하고 분석한 자료를 토대로 지금부터 무엇을 어떻게 준비할 것인지 병원설립을 위한 구체적인 작업에 들어갔다.

내가 잘 할 수 있는 나의 장점부터 메모지에 낙서하듯 써 내려갔다. 25

년간 건축시공 기술자로서, 건설회사 대표이사로서 많은 건물을 지었다. 병원운영의 경험은 없지만 병원건물만큼은 어느 누구보다 잘 지을 자신이 있었다. 그동안 돌아 본 병원건물들 가운데 딱히 이것이라고 정할만한 표본은 없었지만 장점들을 잘만 취합한다면 멋진 병원을 지을 수 있을 것 같았다.

천신만고 끝에
닦은 터전

병원을 설립하기 위해 먼저 병원을 지을 부지부터 찾아야 했다. 나는 내가 지을 병원에 걸맞는 부지를 마음속으로 이미 그리고 있었다. 사람에 따라 생각이 다르겠지만 요양병원은 보호자들이 생활하는 곳과 가까워야 한다는 생각은 그때나 지금이나 변함이 없다. 그렇다고 주택가나 아파트단지 한 가운데에 요양병원이 위치해야 한다는 것은 결코 아니다. 반대로 아주 외딴 산골이나 도심과 너무 멀리 떨어진 교외에 있는 것도 곤란하다. 보호자들이 찾아오기가 힘들어지기 때문이다.

내가 생각하는 요양병원의 최적지는 가급적이면 자연과 접해 있어 입원 환자들의 건강과 치유에 도움이 될 수 있으면서도 환자들이 생활하던 곳

관자재병원의 야외동산 숲길을 따라 산책하고 있는 어르신. 자연은 언제나 인간에게 아낌없이 주기만 한다.

과 가까워서 보호자들이 편하게 찾아올 수도 있고 환자자신도 몸이 나아지면 당장이라도 집으로 돌아갈 수 있다는 희망을 가질 수 있는 그런 곳이다.

하루 종일 햇볕이 드는 남향으로 건물을 지을 수 있고 주변의 산세나 풍치가 좋은, 그리고 산자락 끄트머리에 위치한 부지야말로 내가 생각하는 병원건립에 적합한 최고의 땅이었다.

그러나 그런 자리는 쉽게 찾아지지 않았다. 산자락과 맞닿아 환경이 괜찮아 보이면 필지가 잘게 쪼개어져 매입이 쉽지 않았다. 또 주변 환경과 부지매입이 원활하다 싶어 보이면 접근성이 떨어지는 등 내가 생각하는 구색이 제대로 갖추어진 부지는 쉽사리 나오지 않았다.

그러던 어느 날 늘 마음속으로 그리던 모습의 땅이 내 앞에 나타났다.

산자락이 끝나면서 주택지와 길게 이어지는 곳. 동서로 길게 뻗은 천평 남 짓 되는 부지는 꼭 절반이 자연녹지, 절반이 주거2종인 지역이었다. 부지 가 생긴 모습대로 길게 병원을 지으면 병실마다 햇볕이 환하게 들어오는 남향의 병실은 물론이고 창문을 열면 맞바람이 불어 1분 이내에 환기가 가 능할 것 같았다. 무엇보다 자연과 접하고 있어 신선한 공기가 환자들의 쾌 유에 큰 도움이 될 것 같았다. 나는 첫눈에 그곳이 내 꿈을 이룰 적지라고 생각했다.

하지만 누군가 아파트를 지으려다 여의치 않아 법원경매로 나온 물권이 었던 그 부지는 내가 주변상황과 부지와 얽힌 법률관계, 병원건립방법 등 을 궁리하던 중 다른 사람에게 낙찰되고 말았다.

아쉬웠지만 다른 곳을 물색해 볼 수밖에 없었다. 처음의 그 부지가 너 무 마음에 들어서였을까? 부산 전역을 이리저리 헤집고 다녔지만 마음에

내가 지금의 병원자리를 구하게 된 것은 건설회사를 운영하는 동안 동의 대학교 대학원 재무부동산학을 수강하면서 부동산을 보는 안목을 키웠던 것이 상당한 도움이 되었다. 또한 부동산과 관련된 풍수지리, 제반 법적 문 제와 처리방안 등을 공부했던 부산교육대학교 과정 역시 톡톡히 제 역할을 했다. 뿐만 아니라 이들 과정을 통해 내 꿈을 이루어 줄 최고의 인맥이 하나 하나 형성되었고 각 분야별 최고의 전문가들과 조우하며 그들로부터 금과 옥조와 같은 조언을 얻게 된 것은 그야말로 행운이었다. 그 가운데 한 분이 부산지방법원 이병영 서기관님이었다. 병원건립 당시 이 서기관님의 법률자 문은 나에게 큰 힘이 되었다. 지면을 빌어 거듭 고마움을 전한다. 요양병원 설립의 꿈도 이런 분들의 많은 도움으로 이룰 수 있었기에 늘 감사하며 살 고 있다.

드는 병원터는 쉽사리 나타나지 않았다. 하지만 궁하면 통한다고 했던가. 나는 사람과 사람 사이에 인연이 있는 것처럼 사람과 땅도 인연이 있다는 사실을 비로소 체험하게 되었다.

다른 부지를 찾아 6개월의 시간을 허비하고 혹시나 하는 마음에 지난번 다른 사람에게 경매로 넘어간 부지를 다시 한번 확인해 보았다. 경매부동산은 재입찰에 붙여지는 경우가 종종 있기 때문이었다. 그런데 아니나 다를까. 그 땅이 떡하니 재경매에 나온 것이 아닌가? 아파트를 지으려 경매를 받은 낙찰자가 대금지급을 제대로 못해 물권을 토해내었던 것이었다.

나는 또다시 다른 사람에게 그 땅을 뺏길 수는 없다는 조바심에 입찰에 참가했고 그 땅은 우여곡절 끝에 이번에야말로 진짜배기 주인을 만났다. 그 땅이 지금 관자재 병원이 들어서 있는 바로 이 자리다.

천신만고(?) 끝에 병원부지를 준비한 나는 곧 병원건립계획에 착수했다. 내가 가진 모든 역량을 동원해 몇 달에 걸쳐 사업계획서를 만들었다. 건축을 위한 설계를 하며 백번도 넘게 검토하고 수정했다. 병원에 필요한 자재까지 심혈을 기울여 하나하나 결정했다.

하지만 내 앞에는 또 다른 시련의 산이 기다리고 있었다. 요양병원을 혐오시설로 생각하는 주변 지역 주민들로 인해, 병원건립은 허가에서 공사착공까지 다시 1년이라는 피 말리는 시간을 허비해야 했다.

병원신축을 위해 의료재단설립 절차를 마치고 부산 금정구청과 병원건립허가 준비를 위한 업무협의에 들어갔다. 그런데 이 사실이 외부에 알려지자 부지 주변 50여 세대의 아파트 및 빌라 주민들의 결사 반대가 이어졌다. 요양병원은 혐오시설이라는 것이었다. 앞으로 들어설 건물이 매일같

소망산자락 끄트머리에 위치하고 있어 병원건립의 최적지라고 생각했던 남산동 관자재병원 부지의 병원 건립 전 모습.

이 환자들이 사망하는 노인요양병원이며 병원의 부대시설로 장례식장까지 운영 될 예정이어서 병원이 들어서면 자신들의 부동산가격이 급락할 것은 불을 보듯 뻔하다는 이유에서였다.

병원부지 곳곳에 '요양병원 결사반대' 플래카드가 10여장 나붙었고 구청에서는 주민들과의 합의가 없으면 허가를 내 줄 수 없다고 했다. '거동이 불편한 어르신들이 주로 이용해서 그렇지 요양병원도 병원이다. 주변에 병원이 있으면 여러분이나 여러분이 모시는 어르신도 좋지 않으냐. 그리고 장례식장을 함께 운영하는 것은 소문일 뿐이다. 우리 병원에 장례식장을 설치할 의향이 없다'며 주민들을 설득했지만 흥분한 주민들에게는 '소 귀에 경읽기'였다.

우여곡절 끝에 1년 만에 구청으로부터 건축허가를 받고 공사를 시작했

병원건립을 반대하며 내걸었던 주민들의 현수막. 하지만 막상 병원개원 후에는 이들 가정으로부터 입원하는 어르신들이 늘고 있다.

지만 주민들의 공사반대는 실력행사로 이어졌다.

　무려 50일간이나 공사장비의 진출입을 막았다. 조망권 침해를 이유로 공사중단과 손해배상, 그리고 주변토지 매입까지 요구하는 집단소송을 내기도 했다.

　나로서는 기가 찰 노릇이었다. 나는 법에 정해진 대로 절차를 이행해 나갔을 뿐 아무런 잘못도 없었다. 그런데 왜 내가 주민들에게 그런 일을 당해야 한단 말인가? 주민들과의 소송에서 내가 이긴 것은 당연한 결과였다. 순리대로 한다면 오히려 내가 그동안 입은 손해에 대해 보상은 물론 변호사비용까지 청구할 수도 있었다. 그러나 어차피 병원이 완공되면 함께 가야 할 이웃이라는 생각에 조정을 통해 주변 빌라에는 진입로를 포장해 주고 낡은 엘리베이트의 안전검사 및 부속 등을 교체하는 선에서, 바로 옆 아파트에는 경로당을 보수해주는 선에서 주민들과의 갈등을 마무리했다.

병원 개원 후 아이러니하게도 나와 등을 졌던 지역주민의 가정에서 입원하는 어르신들이 늘고 있다. 가족들이 바로 옆에 있으니 어르신들은 소외감을 느끼지 않아 좋고 보호자들은 언제라도 찾아볼 수 있으니 집에서 모시는 것처럼 마음이 편하다는 경험담이다. 병원건립 후에 집값도 조금 올랐다고 하니 더욱 반가운 소식이 아닐 수 없다.

'님비(NIMBY-Not in my backyard)현상'이라는 말이 있다. 우리말로 직역하면 '내 뒷마당에는 안된다'는 뜻이다. 화장장, 교도소, 쓰레기처리장, 장애인시설처럼 지역주민들이 정서적으로 혐오감을 가지고 있거나 주변 부동산 가격이 하락할 우려, 또는 환경이 나빠질 가능성이 있는 시설들이 자신들이 살고 있는 곳에 들어서는 것을 반대하는 현상을 일컫는 말이다.

이와는 반대되는 뜻의 '핌피(PIMFY)현상'이라는 용어도 있다. 'Please In My Front Yard'의 약자로 '제발 내 앞마당으로' 쯤으로 풀이된다. 자신들이 살고 있는 지역 경제나 편익, 또는 집값 상승에 도움이 된다고 판단되는 도서관이나 종합병원, 지하철역 같은 공익시설들을 자신들의 지역에 세우기 위해 적극적으로 주민들이 앞장서는 현상을 가리킨다.

나는 이러한 현상들을 굳이 지역이기주의라는 부정적인 시각으로만 바라보지 않는다. 세상 모든 일에는 양면성이 있다고 생각하기 때문이다. 예를 들어 당장 내가 사는 집 바로 옆에 냄새나는 쓰레기처리장이 들어선다거나 매일 새벽마다 곡소리가 울려 퍼지는 화장장이 지어진다 한다면 좋아할 사람이 누가 있겠는가? 비록 이러한 시설이 공공의 이익을 위해서

관자재병원에서 실버율동체조를 하는 어르신들. 의료와 복지기능을 더불어 가진 요양병원은 지역
사회에 꼭 필요한 시설이라는 인식이 필요하다.

반드시 필요하다고 할지라도 말이다. 거꾸로 내 집 바로 앞에 10차선 도로
가 나고 건너편에 관공서가 들어선다면 반대할 사람이 어디 한 사람이라
도 있을까?

이렇게 자신이 살고 있는 곳의 주변 환경이 더 좋아지기를 바라는 주민
들의 바람이 나쁘다고는 할 수 없다. 다만 안타까운 것은 복지시설을 혐
오시설로 몰아붙이고 자기가 사는 지역에 들어서는 것을 무조건 반대하는
우리사회의 인식이다.

양로원이나 고아원, 장애인 교육시설 같은 곳은 사회적 약자를 보호하
는 곳이다. 이런 복지시설이 들어서는 것을 반대하는 것은 결코 성숙한 민
주시민의 자세라고 할 수 없다. 자신보다 어려운 사람들을 배려할 줄 아는
것이 진정한 시민정신이자 더불어 살아가는 동시대인의 의무라고 믿기 때
문이다.

그렇다면 요양병원은 어떤가. 요양병원이라는 기관이 우리나라에 생겨난 것이 그리 오래되지 않았기 때문에 아직까지 개념이 확실히 정립되지는 않았지만, 요양병원도 종합병원이나 개인의원과 같은 병원임에 틀림없다. 의료법상으로도 '의사 또는 한의사가 의료를 행하는 곳으로 요양환자 30인 이상을 수용할 수 있는 시설을 갖추고, 의료서비스 제공을 목적으로 개설된 의료기관'이다.

그런데도 우리는 우리가 사는 지역에 종합병원이 들어선다고 하면 쌍수를 들어 반긴다. 아니 자기 지역으로 유치하려고 서로 경쟁하기도 한다. 근처에 일반 병원이나 의원, 약국만 들어선다고 해도 좋아한다. 그런데 요양병원에 대해서는 미간을 찌푸린다. 마치 장례식장이나 화장장이 들어서는 것처럼.

요양병원이 현실상 요양병원이 치매나 중풍 등 주로 노인성 질환으로 거동이 불편한 어르신들이 장기간 입원하고 일부는 생의 마지막을 보내는 곳이어서 다소 부정적인 인상을 가질 수도 있다. 하지만 현재의 추세대로 간다면 앞으로 국민의 대다수가 노년의 마지막을 요양시설에서 보내게 될 것으로 전망된다. 즉, 앞으로는 대부분의 사람들이 요양병원이나 요양원에서 생을 마감하게 될 가능성이 높다는 말이다.

이러한 사회적 기능면에서 볼 때 요양병원은 요양원이라는 복지시설과 병원이라는 의료기관의 성격을 함께 지니고 있다. 이런 요양병원을 혐오시설로 치부하고 곁에 오는 것조차 꺼리는 잘못된 관행은 앞으로 반드시 없어져야 한다. 요양병원은 어쩌면 우리 국민 대부분이 생의 마지막을 편안하게 지내는 곳이 될지도 모르기 때문이다.

부처님에게서
답을 찾다

    우리 병원이 불교병원이 된 연유는 병원에 관해서는 완전 문외한이던 내가 요양병원을 하겠다고 나서면서 겪어야 했던 수많은 시행착오와 어려움, 그리고 그 곤란을 겪으면서 얻은 깨달음 때문이다.

    살아온 날들 동안 작은 굴곡들이야 있었지만 큰 어려움 없이 평탄하게 살아 왔던 내가 이때처럼 절실하게 부처님을 찾았던 적은 일찍이 없었다.

    나는 불교신자다. 모태신앙이다. 나를 낳기 훨씬 전부터 독실한 불교신자였던 우리 어머니는 의령은 말할 것도 없고 합천 해인사같은 인근의 사찰에도 행사가 있을 때마다 아낌없이 시주하던 큰 보살이었다. 그런 어머니의 뱃속에 들어 앉아, 나중에는 어머니의 손에 이끌려 이곳저곳 절마다 다니면서 고사리 손으로 합장을 했으니 나는 소싯적부터 절밥 꽤나 먹어 본 화상임에 틀림없을 것이다.

그러나 나이를 먹어가면서 방자해진 중생은 어느새 부처님의 존재를 까맣게 잊어버리고 천방지축으로 찧고 까불다가 결국 다시금 부처님 앞에 스스로 나와 무릎을 꿇고 공손히 머리를 조아리게 되었다. 부처님 손바닥 위의 손오공처럼.

미리 정해진 것인지 아닌지도 모르는 인생의 분기점에서 갈피를 잡지 못하고 헤맬 때, 사람은 누구나 지푸라기라도 잡고 싶은 심정이 된다. 나역시 그랬다. 건설업을 접고 요양병원을 하려고 결심하고 나서, 무엇을 어떻게 해야 할지 모르고 우왕좌왕할 때 나를 가라앉히고 스스로 길을 찾게 해 주신 것은 부처님이었다.

주민들의 반대시위로 병원건립이 벽에 부딪히던 당시 나는 오지 않는 잠 대신 밤마다 야간산행에 나섰고 선친의 산소를 찾아 간절히 기도하기도 했다. 하지만 나의 종착역은 늘 부처님 앞이었다. 아무도 없는 고요한 법당에서 무릎이 까질 정도로 무수히 절을 하고 온몸이 땀에 젖은 채로 마주하던 부처님. 그러나 부처님은 아무런 말씀이 없으셨다. 언제나처럼 입가에 엷은 미소를 띤 채 묵묵히 나를 내려다보고만 있었다.

내가 "부처님, 어쩌란 말입니까?"하고 물으면 부처님은 "너 자신이 이미 잘 알고 있지 않느냐?"고 반문할 뿐 더 이상의 말씀이 없었다.

"부처병원이 어떻겠는가?"

그즈음 오랜 기간 내가 존경하는 큰 스님께서 어느 날 불쑥 낮은 목소리로 내게 이런 제안을 했다. 나는 속으로 생각했다.

관자재병원 건물 전경. 소망산 자락에 자리잡은 관자재병원은 주변풍광과 최대한 어우러질 수 있도록 자연친화적으로 짓고자 노력했다.

'우리 스님이 왜 이러시는가? 불교병원이 되면 불교신자들이야 괜찮겠지만 기독교, 천주교 신자는 어쩌란 말인가? 그렇지 않아도 병원이 개원하면 환자유치가 가장 큰 문제인데 불교신자만으로 병원을 채우란 말인가? 우리 스님께서 병원을 망하게 하시려고 그러시는가?'

그런 생각 끝에 나중에는 스님에 대한 반발심마저 일었다. 그러나 그때의 내 걱정은 기우에 불과했다. 불교병원이라 해서 불교신자만 찾는 것이 아니었기 때문이다.

몸이 아프고 요양할 곳을 찾는데 자기가 믿는 종교까지 고려하면서 병원에 가는 사람이 과연 몇이나 될까? 뼈속까지 불교신자인 내가 여태까지 불교병원만 찾았단 말이던가? 스님의 깊은 혜안에 발끈했던 그때의 내가 지금도 부끄럽기만 하다.

스님의 가르침은 단순한 환자들의 신앙에 대한 것이 아니었다. 새로 짓는 병원에 부처님의 자비를 담고 실천하라는 말씀이셨던 것이다.

돌이켜보면 병원을 설립하는 과정에서 내가 부딪혔던 수많은 장애물, 그리고 그로 인해 생겨났던 감당하기 힘들 만큼의 고민들은, 지금 생각해보면 내가 나를 깨닫지 못한 무지의 소치였다. 내가 내 속에 가득찬 나의 욕심을, 나의 아집을 버리지 못한 탓이었다.

그런 나를 부처님은 깨닫게 해 주셨고 스님은 길을 일러주셨다. 그 은혜를, 나는 관자재병원을 찾는 모든 이들을 내 몸처럼, 내 가족처럼 보살피는 것으로 보답하려 한다.

우리 병원 이름이 무슨 뜻이냐고 묻는 분들이 가끔 있다. '관세음보살'의 다른 이름이 '관자재보살'이라고 대답하면 다들 고개를 끄떡이다가도 '그냥 모두에게 익숙한 '관세음'으로 했으면 좋지 않았겠느냐'고 반문한다. 일리 있는 말씀들이지만 병원이름을 '관자재요양병원'으로 한 것은 나름대로 이유가 있다.

'관세음'과 '관자재'. 두 이름 모두 범어(산스크리트어) '아발로키테슈바라'를 번역한 것이다. '관자재'라는 명칭은 중국 당나라 시대 현장이 〈반야심경般若心經〉을 번역하면서 원어를 한자어로 바꾼 것이다.

'관자재보살이 깊은 반야바라밀다를 행할 때, 오온이 모두 공함을 보고 일체의 고액에서 벗어났다.'

남산동 관자재요양병원 내 법당. 입원한 어르신 한분 한분의 건강을 기원하는 연등이 달려 있다.

'관세음'이란 명칭은 그보다 200년 앞서 구마라집이 번역한 〈법화경法華經〉에 나온다.

그때 무진의보살은 곧 자리에서 일어나 편단우견하고 합장하고서 부처님을 향하여 이렇게 말했다.

"세존이시여, 관세음보살은 어떤 인연으로 '관세음'이라고 이름합니까?"라고.

부처님께서 무진의보살에게 이르시길 "선남자여! 만약 한량없는 백천만억 중생이 모든 고뇌를 받을 적에 관세음보살의 이름을 듣고 한마음으로 명호를 부르면 관세음보살이 즉시 그 소리를 관찰하고 모두 해탈하게 하느니라.

우리가 보통 줄여서 법화경法華經이라고 하는 묘법연화경妙法蓮華經 가운데 관세음보살보문품觀世音菩薩普門品에 나오는 구절이다. 여기서 '그 소리를 관찰觀其音聲한다는 뜻에서 관음觀音, '그 소리'가 곧 '세상의 소리世音'이므로 관세음觀世音이라 불렀다는 것이다.

'아발로키테슈바라'를 정확하게 번역하면 '자유자재로 관찰할 수 있다'는 뜻이다. 따라서 현장의 번역이 그 원어 뜻에 더 충실한 번역이라고 할 수 있다. 이렇게 보자면 관자재보살은 '중생들의 온갖 괴로움과 액난에 대해 자유자재하게 지켜보고 살펴서 그들의 괴로움을 소멸시켜 주는' 보살이 될 것이다.

그렇지만 현장이 출현하기 전 범어경전 번역의 대가였던 구마라집이 그 뜻을 그릇되게 짚어서 오역을 했다고는 볼 수 없다. 관음觀音이란 글자 그대로 풀이하면 '소리를 본다'는 뜻이다. 하지만 소리는 듣는 것이지, 보는 것이 아니다. 그런데 어째서 '소리를 본다'고 한 것일까? 일종의 넌센스가 아닌가? 나는 그렇지는 않다고 본다.

〈관음경〉(관세음보살보문품을 따로 별도의 경전처럼 부름)에 나오는 '세음世音'이란 속세에 사는 중생들의 고뇌의 소리요, 보살에게 도움을 요청하는 소리다. 마치 아기가 배가 고프거나, 기저귀가 젖었을 때 엄마를 찾는 울음소리처럼. 그러나 어린 아기는 가끔 가짜신호를 보내기도 한다. 긴요한 용건이 없을 지라도 엄마를 찾는 신호인 울음을 운다. 엄마의 사랑을 갈구하는 것이다. 그럴 때 엄마는 속는 줄 알면서도 아기에게로 달려간다. 자신의 분신인 아기를 어르고 싶어 아이가 울기도 전에 아이의 곁을 지키는 것이다.

나는 이것이 바로 엄마의 사랑이라고 생각한다. 만일 고아원의 보모라면 어떨까? 보모도 자신이 돌보는 아이가 울면 곧장 달려간다. 그러나 부르기도 전에 아기의 곁으로 다가서는 보모는 과연 몇이나 될까. 혈육의 애정이란 그런 것이 아닐까. 관세음보살도 바로 그런 엄마와 같은 부처님이 아닐까.

관세음보살이 소리만 듣는 부처님이라면 보모와 다름없을 것이다. 관세음보살은 괴로움에 빠진 중생이 구원을 요청하는 소리를 내기도 전에 그 중생을 관찰하여 고난에서 구해주시는 그런 부처님이기에 구마라집이 '소리를 관찰하는觀音 보살'로 번역하지 않았을까 추측해 본다. 이렇게 보면 '관세음'과 '관자재'는 이름만 다를 뿐 그 의미에 있어서는 별다른 차이를 발견하기 힘들다.

그렇다면 병원이름을 일반인들에게 친숙한 '관세음'을 두고 굳이 '관자재'로 한 까닭은 무엇일까? 웃을지 모르겠지만 앞에서 나온 아기의 비유 때문이다. 요양병원의 고객 대부분은 어르신이고 몸이 불편한 분들이다. 아기처럼 24시간 보살핌이 필요한 분도 있다. '관세음'이란 호칭에는 그런 어르신들이 아기처럼 울음으로 간호사를 찾는 민망한 장면이 자꾸 연상되어서다.

'중생들의 온갖 괴로움과 액난에 대해 자유자재하게 지켜보고 살펴서 그들의 괴로움을 소멸시켜 주는' 관자재보살처럼, 어르신들이 인기척을 내기도 전에 알아서 돌봐드리겠다는 각오에서 나는 우리 병원의 이름은 관자재요양병원으로 정했다.

'나무관자재보살南無觀自在菩薩!'

제 2 장

노년
그 찬란한 인생의 황금기

중생이 갖가지 공포와 고뇌로 말미암아 근심과 고독
과 궁핍 속에 처하고도 구호를 받지 못하여 아무런
일도 할 수 없을 때, 만약 나를 생각하고 나의 명호
를 부른다면, 나는 어느 곳에서라도 천 개의 귀로써
듣고 천 개의 눈으로 보아 그들을 고뇌로부터 구제
할 것이다. 만약 한 사람이라도 나를 생각하고 나의
명호를 불러 그 고뇌를 피할 수 없는 이가 있다면 나
는 영원히 성불하지 않겠다.

—비화경悲華經

아낌없이
주는 나무

할머니와 대학의 아름다운 인연 '하늘까지'

기초수급생활자로 노인요양전문시설에서 생활하던 한 노인이 숙환으로 별세했다. 자식도 남편도 없던 노인이었기에 문상객도 없이 쓸쓸할 것으로 생각되었던 노인의 빈소에는 그러나 예상과 달리 추모객들이 줄을 이었다. 노인의 임종이 알려지자 어느 대학의 총장과 교수, 직원, 학생들이 한마음으로 노인을 가족으로 모시고 장례를 치렀기 때문이었다.

2008년 7월, 〈경향신문〉에 실린 기사는 보는 사람들의 눈시울과 마음을 촉촉이 적셨다.

"전 재산을 한남대에 기부한 '행상 할머니'와 대학 구성원들의 아름다운 인연이 하늘까지 이어졌다"며 시작되는 이 기사에 따르면, 1919년 평안북도 의주에서 태어난 임윤덕 할머니(당시 86세)는 1946년 월남해 부산과 대전 등지에서 생선장사와 채소장사를 하며 억척같이 재산을 모았다. 1973년 남편과 사별한 이후 홀로 생활해오던 임 할머니는 2004년 "생활이 어려운 학생들에게 써 달라"며 행상으로 모은 전 재산 1억을 한남대에 기부한 뒤 국민기초생활 수급자가 되었다. 그러면서도 할머니는 '수백 명의 교직원들을 자식으로 수천 명의 학생들을 손주로 얻게 되었다'며 행복해 했다고 한다.

기부를 받은 한남대는 이 돈으로 '임윤덕할머니장학금'을 만들고 퇴행성 관절염으로 거동이 불편한 할머니를 노인요양전문시설에서 모셨다. 이후 할머니의 선행에 감동한 한남대 학생들이 3년 동안 할머니가 있는 요양병원을 찾아 몸이 불편한 노인들의 목욕과 식사를 돕는 등 봉사활동을 했고 총장과 교직원들도 수시로 할머니 찾아 안부를 묻고 말벗이 되어 주었다고 한다.

그랬던 임 할머니가 90세를 일기로 세상을 떠나자 한남대학교 구성원들이 모두 상주가 되어 고인의 마지막을 배웅했던 것이다. 임 할머니는 임종을 앞두고 하늘나라에 가서도 우리 손주들 잘 되는 것을 지켜볼거라며 요양원을 찾은 학생들에 대한 애정의 끈을 놓지 않았다고 한다.

2013년 부산 동의대에도 자녀없이 홀로 지내는 85세의 할머니가 "가난 때문에 교육을 받지 못하는 학생들이 없었으면 한다"면서 대학발전기금으로 1

억원을 기탁했다. 이 할머니는 "돌아가신 남편이 6·25전쟁에 참전한 국가유공자로 평생을 국가와 지역을 위해 사셨다"며 "그 뜻을 이어 남은 모든 것을 사회에 돌려주고자 한다"고 기탁사유를 밝히며 끝끝내 이름이 알려지기를 원치 않았다고 한다.

〈뉴시스. 2013년 8월1일자〉

　세상에 알려진 이러한 사례만 해도 그 수를 헤아리기 힘들거니와 오른손이 하는 일을 왼손이 모르게 한다는 진정한 선행의 특성상 우리가 모르는 이와 비슷한 크고 작은 사례는 아마 상상을 초월할 것이다. 이런 분들을 앞에 두고 어느 누가 감히 노인이 사회의 짐만 되는 존재라고 치부하는가.

전 재산을 아낌없이 기부한 '행상할머니'의 사례는 다음 세대를 위해 자신의 모든 것을 아낌없이 내어 놓는 노년기의 아름다운 모습이다.

일출의 빛이 정열의 붉은 색이라면 석양의 빛은 풍요로운 가을들판의 황금색이다. 여명을 뚫고 나온 일출이 우리를 희망으로 벅차게 한다면 서산마루나 서쪽바다 너머로 서서히 잦아드는 석양은 안온함을 선사하며 우리를 숙연하게 한다. 석양의 빛은 이른 봄부터 여름까지 땀을 비처럼 뿌리며 부지런히 노력하여 일군 풍성한 수확을 후손들에게 전해주고픈 갸륵한 농부의 마음을 연상하게도 하기 때문이다.

가을단풍은 또 어떤가. 찬바람이 불기 시작하면 산과 들은 초록의 옷을 벗어 던지고 검붉은 색과 짙은 노란색의 옷으로 갈아입는다. 세월의 모진 풍파를 견뎌낸 노고로 받은 훈장처럼, 파아란 하늘 아래 바람에 일렁이는 단풍이 불타오르는 모습은 자신을 불태워 어둠을 밝히던 촛불이 스러지기 직전, 가장 밝은 마지막 빛을 발하는 모습과 닮았다.

가을단풍은 그렇게 자신의 마지막 열정을 불살라 짙디짙은 색채의 황홀함을 여운으로 남기며 낙엽으로 떨어진다. 그리고 그 낙엽은 새 생명의 잉태를 위해 겨우내 언 땅을 덮는다. 그리고 이듬해 봄꽃들이 벌이게 될 눈부신 향연을 위해 기꺼이 거름이 되어 헌신한다. 그러기에 황혼은 일출보다 더 눈부시고 가을단풍은 봄꽃보다 더 아름답다.

노인이 다음 세대를 위해 자신을 장렬히 불태우고 서서히 저무는 해이자 자신의 죽은 육신마저 기꺼이 내어 놓는 낙엽 같은 존재라면 노년기야말로 인생에서 가장 뜻 깊은 시기이자 인생의 황금기가 아닐까.

내 나이가
어때서?

'내 나이가 어때서'란 노래가 한창 인기를 얻고 있는 요사이, 이 노래 가사에 꼭 맞는 노인의 이야기가 세상에 알려진 적이 있었다. 2015년 3월 YTN방송의 국제뉴스에 방송된 미국 와이오밍주의 어느 자동차전시장에서 생일을 맞은 100세 노인이 그 주인공이다.

주변에서 흔히 보는 풍경은 아니지만 그렇다고 해외토픽에 나올 정도의 색다른 뉴스거리는 될 법하지 않은 백수白壽축하연이 전 세계로 전파를 타게 된 데에는 나름대로의 사연이 있었다. 이 잔치의 주인공이 다름 아닌 자동차 판매원이었던 연유에서였다. 그것도 전직판매원이 아니라 80년 경력을 자랑하며 현재도 왕성하게 활동하고 있는 현역판매원이어서 TV를 시청하던 사람들은 자신의 눈과 귀를 의심케 하기에 충분했다.

100세의 고령에도 "자동차를 고객에게 소개할 때 희열을 느낀다"며 주 6일 근무는 기본이고 휴가마저 반납할 정도로 노익장을 과시하고 있는 노인은 "고객들에게 절대 거짓말을 하지 않는다"는 자신만의 철학을 가지고 있다고 한다. 고객 가운데 유독 노인고객이 많은 것도 그런 진실함과 정직 때문이라고도 했다. 하나의 직업을 천직으로 여기며 80년을 계속해온 노인의 열정에 놀랍다 못해 절로 고개가 숙여지며 존경심마저 일게 만든다.

이렇듯 자신의 분야에서 몰두하는 노인의 머리에서 빛나는 은빛 머리카락은 아름다운 면류관이다. 이런 노인 앞에 '나이'가 무슨 의미가 있겠는가. 그에게 있어 100세라는 '나이'조차도 그야말로 단순한 '숫자'에 불과할 것이다. 누구나 노년기를 맞지만 그 노년기에 젊은이 못지않게, 아니 나이를 먹었기에 오히려 더 잘 할 수 있는 일은 얼마든지 있다. 농업과 목축이 주요한 생업수단이던 과거에 비해 많이 줄어들기는 했지만 과학과 기술이 최첨단을 걷고 있는 현대에 이르러서도, 우리 사회에는 노인이 아니면 감히 엄두도 낼 수 없는, 경륜과 지혜가 반드시 필요한 일들이 아직도 수두룩하다는 말이다.

경험과 연륜은 세월이라는 자양분이 없으면 자랄 수 없는 나무이다. 삶의 지혜 또한 시간에 기대기는 마찬가지이다. 그러므로 세월이 필요한 경륜과 지혜는 나이가 젊은 사람은 가지고 싶어도 가질 수 없는 노인의 특권이자 전유물일 수밖에 없기 때문이다.

'장인匠人'이라고 하면 기계가 없었던 과거에 손으로 물건을 만드는 것으로 생계를 잇던 사람들을 일컫던 말이었다. 그러나 생활필수품이 공장기계에 의해 대량생산되는 현대에서도 '장인'이란 호칭은 의미에 있어서도 존경의 뜻이 보태어져 명맥을 이어가고 있다. 결코 기계로 만들 수가 없거나 만들 수 있다고 해도 기계로 만들면 그 가치가 떨어질 수밖에 없는 물건, 악기나 공예품, 예술품처럼 사람의 손을 거쳐야 비로소 그 빛을 발하는 물건을 만드는 분야에서이다. 이런 분야에서 적어도 수십년 이상의 수련과정을 거쳐, 일정 경지에 오르거나 그 분야에서 일가를 이룬 인물을 예를 다하여 부르는 경어가 바로 '장인'이다.

이에 비해 공장의 젊은 기술자나 숙련공들은 제 아무리 그 분야에서 남다른 소질을 발휘한다 하더라도 '전문가'라고는 부를지언정 '장인'이라고 부르지는 않는다. 같은 전문가이지만 '장인'이라고 하면 어딘지 모르게 얼굴 곳곳에 세월의 흔적이 팬 나이 지긋한 노인을 떠올리게 되는 것이다.

우리 사회에서 가장 많은 욕을 얻어먹고 있는 직업이기는 하지만 정치도 우리사회에서 노인의 경륜과 지혜가 반드시 필요한 분야이다. 세상이 복잡다난해지고 이해가 얼기설기 엮이는 만큼 그 갈등을 해결하고 한 사회나 국가의 미래를 열어가야 할 정치의 임무는 더욱 막중해지고 의사결정은 더욱 신중을 요하게 된다. 그래서 로마의 원로원이 그러했듯이 예나 지금이나 한 나라나 한 기관에서는 원로元老들을 모시고 떠받들면서 그들의 소중한 경륜과 지혜에 귀를 기울인다. 어디 정치뿐이겠는가. 종교계나 일반단체도 마찬가지다. 개신교의 웃어른인 '장로長老도 원로와 다름없는 역할을 하고 있으며 어느 단체든 고문顧問이란 직책을 필수적으로 두고 있다.

누군가는 노년을 '가슴 설레이며 손꼽아 기다린다'고 한다. 노년이 된다는 것은 늙는다는 것이다. 그런데 늙기를 손꼽아 기다린다니? 언뜻 이해가 되지 않는 말이다. 그런데 그 의미를 곰곰이 되씹어보면 절로 고개가 끄떡여진다. 그 말도 안 되는 것 같은 말 속에 노년기야 말로 시쳇말로 '인생을 즐기기'에 딱 좋은 시기라는 역설이 숨어 있다. 한 마디로 표현하자면, 오래전 TV광고를 통해 유행어가 되었던 '니들이 게 맛을 알아?'가 아니라 '니들이 인생의 즐거움을 알아?' 정도가 될 것이다.

인생을 즐기는데 노소가 따로 있느냐고 반문할 수도 있고, 청년의 즐거움과 장년의 즐거움, 노년의 즐거움이 결코 같을 수는 없지만, 오랜 인생 경험으로 비로소 세상의 이치를 헤아리고 '인생의 참맛'을 제대로 깨닫게 되고 나서 누리는 인생의 즐거움을 젊은 나이의 그것과 빗대기는 무리가 있을 것이다. 게다가 노년기는 생계형 직업에서 은퇴하고 부모로서, 자식

100세의 고령에도 현역으로 왕성하게 일하는 노인의 모습은 우리에게 '나이는 숫자에 불과하다'는 말이 단순한 농담이 아님을 깨닫게 해 준다.

으로서 의무에서도 벗어나면서 사회적으로나 가정적으로나 홀가분해지는 시기가 아닌가. 노년기를 손꼽아 기다리는 이유도 바로 이 시기야말로 마음먹은 대로 자유롭게 인생을 즐기며 누릴 수 있는 절호의 기회이기 때문일 것이다.

프랑스의 은퇴한 소방관 할아버지가 102세의 나이로 100km 자전거 경주에 나서 세계신기록을 달성하는가 하면 미국의 어느 할머니는 자신의 100세 생일 기념으로 스카이다이빙에 성공해 주위를 놀라게 했다.

사회보장제도가 발달하고 은퇴 후의 생활이 보장된 서구선진국은 노년을 즐기는 사회분위기가 이미 오래전부터 확립되어 있어 이 같은 뉴스는 다반사가 되었다. 최근 우리나라에서도 정기적으로 연금을 받는 탓에 경제적으로 여유가 있기 때문이겠지만 교사나 공무원으로 정년퇴직한 노인들을 중심으로 여행이나 취미활동, 봉사활동으로 보람찬 노년기를 보내는 노인들이 수가 점점 늘고 있다. 노년기에 인생을 새로이 시작하는 노인도 있다.

매년 졸업과 입학시즌이면 우리사회에서는 만학도들의 화제가 꽃을 피우는데 올해도 마찬가지였다. 75세에 대학을 졸업하고 미국 유학길에 오르는 할머니가 있는가 하면 같은 나이에 박사학위를 취득하거나 팔순의 나이에 고등학교를 갓 졸업하고 미술가로서 제2의 인생을 살고자 대학에 진학한 노인도 있었다.

비단 배움의 길뿐만이 아니다. 소외된 이웃에 도시락배달, 무료영정사

노년기는 오랜 인생 경험으로 비로소 세상의 이치를 헤아리고 '인생의 참맛'을 제대로 누리는 시기이기도 하다.

진 촬영, 무의탁노인이나 중증장애인 방문간호와 같은 사회봉사활동에서 삶의 활력소를 찾거나 실버연극단, 실버악단을 결성해 취미와 봉사활동을 병행함으로써 보람을 얻기도 한다.

지난달 28일 오후 서울 송파구 롯데월드타워 공사현장 87층. 앞으로 5년만 있으면 팔순이 되는 최송본(75)씨가 50~60대 동료들에게 단단히 주의를 환기시킨다. "화이바(헬멧) 끈 조이고 벨트도 다시 확인해라." 아래를 내려다보면 사람은 개미보다 작게 보이는 고공에서 작업하는 최씨는 국내 최고의 호이스트(공사용 엘리베이터) 안전점검 전문가로 꼽힌다. 롯데그룹에서 55세에 정년퇴직한 지 20년이 지났지만 그간 공사장을 돌며 계속 일했다. 롯데는 월드타워 건설을 시작하면서 국내 최고의 전문가로 꼽히는 최씨를 다시 불러들였다. 호이스트는 공사기간 중 고장 없이 작동되고 있다. 〈중앙일보. 2015년 5월1일자 10면〉

여기에 실린 이 이야기의 주인공처럼 삶의 현장에서 노년을 불태우는 노인도 우리 주변에 얼마든지 있다. 하지만 이들에게 있어 일의 의미는 젊은 시절과 다르다. 생계의 수단이 아니라 인생을 즐기는 과정인 것이다.

즐거운 노년은 인생 2모작을 가능케 하고 노년이 청춘보다 아름다울 수 있게 만든다. 이처럼 즐거운 노년이라면 가슴 설레이며 기다리지 않을 까닭이 어디 있겠는가?

사랑엔
정년이 없다

어느 남녀가 어느날 공원에 갔다가 우연히 만난다. 그리고 첫눈에 사랑에 빠져버리고 둘은 초스피드로 결혼식까지 올리고 함께 살기 시작한다. 두 사람의 결혼생활은 열정적인 사랑으로 꽉 차 있다. 두 사람이 한마음으로 느끼는 생의 환희는 이렇게 표현된다.

"이대로 생을 마감할 수 있다면. 이젠 죽어도 좋아!"

남녀 두 주인공이 실제인물이고 두 사람의 사랑은 연기가 아닌 진짜 사랑이었으니 다큐멘터리 영화라 할 수 있는 이 영화의 제목은 '죽어도 좋아'. 2002년, 몇 차례의 상영불가라는 판정 끝에 노골적인 성애장면을 삭제하고서야 겨우 상영될 수 있었던 이 영화가 세간의 화제가 됐다. 누구에게나 있을 법한 평범한 사랑이야기를 다룬 이 영화가 화제가 됐던 이유는 바로 영화의 주인공들이 70대의 홀로된 노인들이었고 우리 사회가 금기시해 왔던 '노인의 성性'이라는 주제를 여과 없이 정면으로 다루었기 때문이었다.

서구문화의 영향으로 사회가 많이 개방되었다고는 하지만 '노인의 성' 만큼은 아직 빗장이 풀리지 않은 것 같다. 우리 사회에서는 노인들의 성문제가 제기되면 '불결하다'느니, '그 나이에 무슨'하고 혀를 끌끌 차며 회피해버리기 일쑤이다. 더구나 노인들이 성적 관심을 보이거나 성적인 행동이라도 하게 되면 '주책', '노망' 등의 비난이 쏟아진다.

이런 반응의 저변에는 노인이 되면 성적 관심이나 능력이 모두 쇠퇴한다는 편견이 존재하며, 혹 노인의 성에 대한 실체를 알고 있어도 노인의 성을 터부시하는 사회적 분위기를 거스를 용기가 없어 눈감아 버리는 풍조가 만연해 있기 때문이다. 앞서 말한 영화가 사회고발성 주제로 화제를 불러 일으켰음에도 불구하고 '부담스럽다', '주책맞다', '추잡하다' 는 평가를 받으며 관객들로부터는 외면을 받았던 사실이 이를 증명하고 있다.

그러나 65세 이상 노인의 66.2%가 '성생활을 하고 있다.'(2012년 보건복지부 발표)고 답할 정도로 노인의 성과 관련된 각종 조사결과와 실태는 노년기에도 대다수의 노인들은 젊을 때와 마찬가지로 성적 관심과 능력을 가지고 있다는 사실을 더 이상 외면하기 힘들게 하고 있다. 노인인구가 급증하고 있는 작금의 상황에서 노인의 성을 덮으면 덮으려 할수록 '박카스아줌마'로 대변되는 노인의 성매매, 노인의 성범죄 등이 심각한 사회문제로 떠오르기 때문이다.

실제 65세 이상 노인 가운데 최소 35.4%(2012년 보건복지부 발표)는 성매매 경험이 있는 것으로 나타났으며, 61세 이상 성폭력가해자 검거건수는 2009년 712건, 2010년 955건, 2011년 1070건(경찰청 자료)으로 해마다 늘고 있는 추세이다. 노인 성범죄의 경우, 피해자 역시 노인인 여성일 경우가 많고 범죄특성상 수치심 때문에 신고하지 않는 사례까지 감안한다면 우리 사회에서 금단의 성城에 갇힌 노인의 성性으로 인한 폐해는 만만치 않을 것으로 생각된다.

노인의 성적 표현은 인간 본능의 표현이다. 노인의 성은 인간으로서 누릴 수 있는 기쁨이자 노후의 심리적, 정서적 건강을 향상시키는 중요한 요소이다. 그러므로 노인의 성적 욕구를 사회적으로 금기시하고 억압함으로써 금욕생활을 강요하는 것은 분명한 노인차별이다. 노인의 성에 대한 부정적인 편견을 버리고 이해와 관심이 필요할 때이다.

사람이 사랑 없이는 살 수 없다. 노인이라고 다르지 않다. 우리사회에서 금기시하고 있는 노인의 성에 대한 인식은 반드시 시정되어야 한다.

백세시대
꿈에서 현실로

10여년전의 일이다. 세계적으로 저명한 두 학자의 내기가 학계에서 화제가 된 적이 있다. 한 학자는 인간은 150세 이상 살 수 있다고 주장했고 또 다른 학자는 아무리 오래 살아도 130살은 더 살지 못할 것이라며 2050년에 150세를 넘기며 생존한 사람의 존재여부에 따라 승패를 결정짓기로 했던 것이다. 두 학자는 내기돈 5억 달러를 만들고 신탁예금된 이 돈을 이긴 쪽 자손에게 주기로 공증까지 했다고 한다. 두 학자의 내기는 앞으로 30년이 지나야 승부가 결정이 날 것이지만, 인간의 최대수명을 놓고 세계적 석학들이 내기까지 벌일 정도로 적어도 우리는 장래 인간의 수명에 대한 낙관적인 전망을 하고 있는 것만은 사실인 셈이다.

인간의 수명이 100살이 넘을 것은 누구나 예측하지만 단순한 수명연장이 모두에게 '축복'으로 다가올 수만은 없다.

　그렇다면 인간의 최대수명은 과연 얼마나 될까? 지금까지 학계는 인간의 한계수명이 120세라고 주장해왔다. 인간의 성장은 보통 20세까지이며 지구에 사는 동물 대부분의 생존기간은 성장기간의 6배 이내라는 가설에 근거해서였다. 150살 이상을 살 수 있다고 주장하며 내기를 건 학자는 이러한 자연적 한계수명에 대해, 생명연장기술의 눈부신 발전, 즉 DNA복제기술과 항노화 물질 개발, 의학기술의 진보는 앞으로 인간 생존기간을 예측할 수 없을 정도로 늘이게 될 것이라며 장미빛 전망을 내놓았던 것이다.

　고대 이집트인인 23세, 중세 유럽인이 30세, 우리가 평균 50세 이상 살 수 있게 된 것도 대략 100년전부터였던 것을 돌이켜보면 지하에 있는 진시황이 눈을 부릅뜰 일이다.

　어쨌든 과학기술의 발달로 인한 경제적 풍요와 복지수준 향상, 의료서비스의 대중화 등으로 인한 인간의 수명연장은 머지않아 '백세시대의 도래'를 예고하고 있다. 실제 2014년 8월 현재 한국의 100세 이상 노인은 1만4천여 명이며 100세에 진입하는 노인수도 2002년 469명에서 2013년 1,264명으로 10년 사이에 3배나 늘었다. 통계청에서도 100세 이상 인구가 2030년에 1만명을 넘고 2040년에는 2만 명을 넘을 것으로 추산하고 있다. 장수국가 일본의 경우 2014년 기준으로 100세 이상 노인수는 5만9천 명이었다.

그렇다면 인간이 100살이 넘도록 오래 사는 것이 과연 축복일까?

2011년 〈한국보건사회연구원〉은 '오래 사는 것'에 대한 여론조사를 실시했다. 30~69세 국민 985명에게 '평균수명연장으로 90세 또는 100세까지 사는 것이 축복인가?'라는 물음에 '축복'이라는 응답은 28.7%에 그쳤고 '아니다'라는 응답이 43.3%나 되었다.

건강과 노후대책이 함께 하고 있을 경우, 장수는 분명 축복일 수 있다. 다시 말해 생계걱정 없이 건강하게 장수하는 것이 축복이지, 단순히 100년이 넘도록 생존한다는 자체만으로 축복이 될 수는 없다. 이 여론조사는 우리사회에서 장수에 대한 기대보다 장수에 대한 부담이 얼마나 큰 것인가를 역설적으로 보여주고 있다.

평균수명, 기대여명

2013년 한국인의 평균수명은 81.9세이며 남자 78.5세, 여자 85.1세로 여자가 남자보다 6~7년 정도 더 오래 사는 것으로 나타났다.

매년 통계청에서 발표되는 평균수명에 대해 약간의 오해가 있는 듯하다. 2013년 한국인의 평균수명이 81.9년이라고 하면 지금 살고 있는 한국인 모두가 평균 81.9세까지는 살 수 있는 것으로 생각하기 쉽지만 그건 아니다.

'평균수명'이란 출생시 '기대여명'을 다르게 부르는 말이기 때문이다. '기대여명'이란 '일정 연령에 도달한 사람이 그 사람이 얼마나 더 살 수 있는까?'하는 것이므로 '평균수명'은 '0세 기준 평균여명'의 다른 말로, 0살인 아기가 그해 태어났을 때 앞으로 평균 몇 년을 살 수 있을지 예측해 보는 것이다.

따라서 2013년 한국인의 평균수명이 81.9세인 것은 정확히 말해 2013년에 태어난 아기가 앞으로 평균 81.9년을 살 수 있다는 뜻이지, 나이를 불문하고 모든 한국인 전체가 평균적으로 그 나이까지 산다는 얘기는 아니다. 참고로 2013년 한국 50세 남자의 기대여명은 30.6년, 60세 남자는 22년인데 이는 2013년 당시 생존하고 있는 우리나라 50세 남자는 평균 81살까지, 60세 남자는 평균 82살까지 살 수 있을 것으로 기대된다는 뜻이다.

참고로 한국의 평균수명은 1970년에 61.3년이었던 것과 비교하면 45년 사이에 20여년이 늘은 것이다.

평균수명과 생명표

평균수명은 어떤 연령의 사람이 평균해서 몇 년 살 수 있는가 하는 기대값으로 국민의 건강상태, 즉 공중위생의 정도를 알 수 있는 가장 중요한 기준이 되는 수치이다. 세계보건기구(WHO)가 매년, 또는 수년에 1회씩 100개국 이상의 여러 나라들에 대한 생명표를 발표하고 있다.

　생명표는 각 나라별로 인구수와 그해 연령별 사망자수를 기초로 해서 연령별로 기대여명을 산출한 것이다. 어떤 연령의 생존자 중에서 다음해에 몇 사람이 살아남는가를 차례대로 반복하는 방식으로 작성한다.

　그런데 생명표는 현재의 사망률이 장래에도 그대로 지속된다는 가정하에서 작성되다 보니 실제보다 더 낮게 책정된다는 비판을 받고 있다. 실제 사망률은 시간이 갈수록 낮아지므로 평균기대여명은 생명표의 수치보다는 더 높을 수밖에 없기 때문이다.

　또한 기대여명은 연령이 올라갈수록 더 높아진다. 2013년 생명표에서 60세 한국인은 24.76년을 더 살아 85세에 생을 마감하는 것으로 나타나 이 해 태어난 아기의 기대여명 82세보다 4살이 더 많고 80세 한국 여자 노인의 경우는 10.26년을 더 살아 90살까지 장수하는 것으로 되어 있다. 그리고 각 연령별 기대여명은 해가 갈수록 늘어나므로 대다수의 한국인이 평균 100살 이상은 거뜬히 사는 '백세시대'가 더 빨리 다가올 것으로 낙관하는 이유가 여기에 있다.

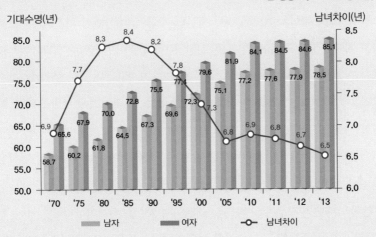

2013년 생명표 [2014.12.3 통계청]

유전장수
무전단명

인생칠십고래희人生七十古來稀. 예부터 사람이 70살까지 사는 것이 드물다고 하여 70을 고희古稀라 부르고 만 70세 생일이면 장수를 축하하는 성대한 잔치를 벌였다. 하지만 지금은 어떤가? 만 60세를 맞아 환갑還甲상을 차리는 풍습까지도 차츰 자취를 감추고 있다. 보릿고개에 초근목피로 연명할 정도로 곤궁했던 것이 불과 몇십 년 전이었지만 벌써 까마득한 옛일이 되어가고 있다. '인생 60부터!'라고 장난처럼 하던 말이 시쳇말로 현실이 되어 버렸다.

한국의 노인인구는 2014년말, 652만 여명으로 전체인구의 12.7%를 차지했다. 전체인구에서 65세 이상 노인인구비율이 7%~14% 미만이면 고령화사회, 14%~20% 미만인 사회를 고령사회, 20% 이상인 사회를 초고령사회라고 한다.

세계에서 고령화가 가장 빨리 진행된 국가 중 하나인 일본이 고령화사회에 고령사회로 진입하는데 24년이 걸렸지만 한국은 그보다 5년이나 빠른 19년밖에는 걸리지 않을 것으로 전망된다. 한국은 15년 전인 지난 2000년 이미 노인인구비율이 7%를 넘어 고령화사회에 진입했으며 2019년 고령사회, 2026년 초고령사회에 들어설 것으로 예상되고 있다. 즉, 10년 전에 한국국민 10명 중 1명이 노인이었다면 지금부터 10년 후에는 한국 국민의 10명 가운데 무려 4명이 노인이라는 뜻이다.

이런 시대상을 반영한 용어가 새롭게 출현했다. '노노老老부양시대'. 노인이 노인을 봉양하는 시대라는 말이다. 부모도 노인, 자식도 노인인 시대. 좀 더 정확하게는 60대 이상 된 자식이 80대 이상 된 부모를 모시는 시대라는 뜻이다.

건강보험공단의 보험가입자를 기준으로 2009년 11만6천여세대였던 노노부양세대는 2013년 14만2천여세대로 불과 4년만에 20%나 증가했으며 앞으로 그 증가폭이 점점 더 커질 거라고 한다.

60이 넘어 직장에서 은퇴하고 자신도 부양을 받아야 할 처지에 80이 넘은 부모까지 보살펴야 하니 그 부담감을 어찌 말로 다 할까? 물론 동방예의지국임을 자랑하는 우리나라에서 손자와 증손자, 더 나아가 고손자까지, '4대 또는 5대가 함께 사는 것도 허다하지 않았느냐?', '뭐가 그렇게 힘드냐?'고 반문할 수도 있다.

그러나 그건 옛날의 일이다. 지금은 그때와 사정이 많이 다르다. 과거

'100세 시대'는 60세가 넘은 자식이 80대 이상의 부모를 봉양하는 '노노부양', '유전장수, 무전단명'이라는 새로운 용어들을 탄생시키고 있다.

우리 사회의 주업은 농사짓는 일이었다. 생업이 농사이다 보니 인력이 많이 필요했기에 대가족제도가 필수일 수밖에 없었다. 할아버지, 할머니, 아버지, 어머니, 삼촌, 고모, 아들, 딸, 손자와 손녀까지 농사일에 매달려야 했기 때문이다. 4대, 5대가 함께 생활한다고는 하지만 평균연령이 40~50세에 불과해 지금처럼 80대 이상 노인은 찾기가 힘들었다. 어른을 모시는 가족구성원의 수가 많다 보니 서로가 역할분담만 잘하면 집안에 한두 분뿐인 어른봉양은 그리 어렵지 않은 일이었다.

하지만 지금처럼 아이를 한 둘만 낳고 결혼만 하면 형제들이 분가해버리는 핵가족제도에서노인이 노인을 모시는 '노노부양'은 만만치 않은 일이다.

다행히 자식 노인이나 부모 노인이 많은 재산을 모아 놓았거나 생활형편이 넉넉하다면 경제적으로 그리 크게 부담될 것이 없을 것이다. 그러나 현재 우리나라 노인복지체계 수준에서 노노부양 문제는 머지않아 큰 사회문제로 부각될 확률이 높다.

품위있고 우아하게만 늙어간다면 100년 장수의 꿈, 백세시대의 도래는 더할 나위없는 축복이다. 현실적인 여건만 갖추어진다면 노년기가 길게 느껴지지도 않을 것이다. 빈곤과 질병, 소외와 외로움만 없다면 오래 사는 것을 어느 누가 반기지 않겠는가.

'유전무죄 무전유죄'라는 말이 있다. 돈 있는 사람들은 변호사를 수임하거나 사회적, 경제적 지위로 인해 무죄로 풀려나지만 돈 없고 의지할 데 없는 사람들은 유죄로 처벌받는다는 말이다. 이 말 뒤에는 한국사회의 사법부와 검찰에 대한 불신과 사회적 불평등에 대한 공감이 깔려있다.

그런데 이제 장수에 대해서도 '유전장수 무전단명有錢長壽 無錢短命'이라는 말이 나오게 생겼다. 누구나 100살까지 살 수 있음에도 자칫 돈 있는 사람은 천수를 다하고 돈 없는 사람은 일찍 죽는 그런 세상이 올 수도 있다는 말이다. 장수는 분명 축복이지만 지불해야할 대가가 있고 준비되지 않은 장수는 고통이 따르게 되어 재앙일 수도 있다. 장수는 현실적으로 비용부담을 수반하기 마련이어서 충분한 노후대비 없이 질 높은 노후생활은 보장받을 수가 없기 때문이다.

역사상 최초로 통일중국의 위업을 성취했던 진시황. 바로 우리 앞으로 다가 선 '백세시대'는 불로초를 구하려 천하를 헤매이다 겨우 오십의 나이에 절명한 진시황 뿐 아니라 모든 인류가 오랫동안 인간이 애타게 꿈꾸던 일이었다. 그러나 현실적인 측면에서 장수는 두 얼굴의 축복이다. 준비

OECD 국가 가운데 노인이 가장 가난한 반면 세계최고의 고령화 속도를 보이고 있는 대한민국의 노인문제해결을 위해서는 국가 전체적인 틀에서의 접근이 필요하다.

안 된 노후는 오히려 불행일 수 있다. 세상에 부족할 것이 없었던 진시황이야 100년, 200년 더 살아도 마냥 행복할 수 있었겠지만 우리나라에 살고 있는 노인들의 현실은 그렇지 못하다.

2014년 한국의 노인빈곤율은 48.1%, 평균 14%인 경제개발협력기구(OECD) 국가 중 최고였다. 노인 두 명 중 한 명의 소득이 한국 국민 중간소득의 절반에도 못 미친다는 말이다. 이 해 한국의 전체 빈곤율이 16.5%였던 것을 감안해도 우리 사회의 노인빈곤율은 심각한 수준이다. 또한 한국노인 중 국민연금 등 공적연금을 받는 비율은 36.7%에 불과할 뿐더러 1인당 수령액조차 월평균 32만원(국민연금 기준)에 불과하다. 이는 2014년 보건복지부가 정한 우리나라 2인 가구 최저생계비 102만7천원은 고사하고 1인 가구 최저생계비 60만3천원의 절반을 겨우 넘는 금액이다.

최저생계비란 국민이 생활을 유지하기 위해 필요한 최소한의 비용이므로 국민연금만으로 생활하는 노인의 경우, 생계조차 잇기 힘들다는 뜻이 된다. 우리가 '백세시대의 도래'를 결코 기쁘게만 바라볼 수 없는 이유이다.

그렇다면 누구나 축복받는 백세시대를 누리기 위해서 무엇이 필요할까? 노후를 위한 개인의 재무설계와 국가의 보편적 공공복지노력이 필수적일 수밖에 없다. 특히 '유전장수 무전단명'이라는 말이 새로운 유행어가 되지 않기 위해서는 국가와 사회의 노력이 무엇보다 절실하다. 이 말 속에는 국가의 국민에 대한 책임과 사회적 약자를 위한 공공복지정책에 대한 불만과 비난이 강하게 섞여 있기 때문이다.

정부도 한국사회의 급속한 고령화에 대응하여 그 동안 다양한 대책들을 추진하여 왔다. 국민연금, 장기요양보험, 기초연금, 기초생활보장제도 등 고령층을 대상으로 하는 노인복지제도뿐만 아니라, 취약계층을 대상으로 하는 다양한 복지제도들이 도입 · 확대되어 왔다.

정부가 이처럼 공공부문의 복지제도를 위해 부단한 노력을 해 오기는 했으나 세계에서 가장 급속한 고령화속도를 따라잡기에는 아직 역부족인 것으로 보인다. 미국과 유럽 등 서구사회는 100여년에 걸친 완만한 고령화시기를 거치는 동안, 수많은 시행착오를 반복하면서 하나씩 하나씩 지금의 질 높은 노인복지 수준에 이르는 복지정책의 기초를 쌓아왔다. 이에 비해 한국은 제대로 된 복지를 돌볼 겨를도 없이 반세기 동안 급속한 경제성장에 주력한 결과, 서구의 선진국에 비해 사회의 전반적인 복지정책의 틀조차 제대로 자리를 잡지 못한 상황에서 고령화시대를 맞았기 때문인 것으로 풀이된다.

급속한 노령화로 인한 노인인구 증가에 따른 각종 사회문제에 대처하려면, 주거 교통, 사회참여, 지역사회환원, 의료서비스, 커뮤니케이션, 안전, 존경과 사회통합 등 국가사회의 전체적인 틀에서 접근이 필요하다. 노인문제를 노인들의 요양, 의료, 소득과 같은 복지문제에만 한정해 바라본다면 근본적인 해결책을 기대할 수 없다.

한국 노인의료

현재 우리나라는 평균수명의 연장과 출산율의 저하로 인구의 고령화가 빠르게 진행되고 있다. 2015년 고령자 통계에 의하면 65세 이상 노인 인구가 662만 명으로 전체 인구의 13.1%를 차지하고 있는데, 2060년에는 40%대에 이를 것으로 추정되고 있다. 인구의 고령화로 노인인구의 증가와 아울러 노인성 질환도 함께 늘어나고 있는데 대책이 시급하다.

노인성질환은 임상 양상이 장년층과는 다른 면이 있다. 증상이 전형적이지 않고, 비전형적으로 나타나는 경우도 많이 있다. 심하면 증상이 거의 없는 경우도 있다. 애매모호한 증상 때문에 진단이 늦어지거나 오진을 하기 쉽다. 예를 들면 협심증에 걸렸을 때 전형적 증상은 좌측 흉통인데 노인에 따라서는 흉통이 아닌 복통이 나타나기도 하고, 때로는 전혀 동통이 없다.

노인에게는 노화로 인한 이상과 질환으로 인한 이상을 구별하는 것도 중요하다. 질병이 없어도 단순 노화만으로도 신체기능의 저하되거나 임상 증상이 나타날 수 있기 때문에 구별을 해야 한다. 노화로 인한 증상과 질병으로 인한 증상이 서로 겹치거나 서로 영향을 주면 구별이 더욱 더 힘들어지기도 한다.

질환의 경과도 젊은 사람과 다르다. 만성화 되고, 퇴행적 변화가 잘 일어난다. 젊은 시절과 달리 잘 회복되지 않고, 회복이 되어도 완치가 힘들다. 서서히 악화되고 심해지면서 만성병이 되는 경우가 많다. 적절히 치료하지 않으면 장애가 생길 가능성이 높고, 신체기능까지 저하되면 독립적인 생활이 어렵게 되기도 쉽다. 간병해 주는 가족이 없으면 질환은 더 빨리 악화된다. 노인에게 질병이 생기면 독립생활 여부에 따라 질병치료와 아울러 간병까지 해야 한다.

노인에게 흔한 질환으로는 고혈압, 당뇨, 퇴행성관절염, 골다공증, 뇌졸중, 치매, 난청, 백내장 등이 있다. 노인성질환은 크게 2가지로 나눌 수 있다. 첫째는 단순히 노인에게 많은 질환이다. 고혈압, 당뇨 등이다. 이들 질환은 노인에게 많이 생기기는 하지만 모든 노인에게 다 생기는 질환은 아니라는 특징이 있다. 청장년시절의 건강관리에 따라 질병을 예방하거나 경과를 변화시킬 수 있다. 또 다른 질환은 노화와 밀접한 관계가 있는 질환이다. 골다공증, 치매, 백내장, 전립선비대증 등이다. 질환의 발생이 노화와 연관이 있고, 청장년시설의 건강관리와 큰 관련이 없다.

최근 노인인구가 증가하면서 노인성질환이 전체 질환에서 차지하는 비중이 빠르게 높아지고 있다. 전체 진료비에서 노인진료비의 비중이 점차 높아지고 있다. 건강보험 통계에 의하면 2015년 65세 이상 고령자의 진료비가 21조 9천억인데, 2014년의 19조 8천억에서 10.4%가 증가한 금액이다. 65세 이상 노인 인구가 12.3%를 차지하는데 비하여 진료비는 전체 진료비의 37.8%로 인구 비율에 비하여 진료비 비중이 높다. 현재 전체 진료비 중에 노인 진료비가 차지하는 비율이 꾸준히 늘고 있는데 향후 추세가 더욱 강화될 것으로 추정되고 있다. 현재 한국의 노인 의료의 큰 과제는 급속히 증가하는 노인 환자에게 효과적으로 양질의 진료를 제공하는 것이다. 노인을 위한 양질의 진료 체계를 갖추면서도 동시에 노인의료비를 줄이기 위한 사회적 방안이 요구된다.

시급한
노인복지 시스템

'돈을 잃으면 조금 잃는 것이요, 명예를 잃으면 반을 잃는 것이요, 건강을 잃으면 전부를 잃는 것'이란 말이 있다. 건강하게 100살까지 살고 싶은 마음을 표현한 '9988-1234'이란 숫자도 있다. '구십구 세(99)까지 팔팔(88)하게 살다가 한(1) 이삼일(23)앓다가 죽는다(4)'는 뜻으로 사회 곳곳에서 이 숫자를 앞세운 클럽과 동호회들이 우후죽순처럼 생겨나고 있다. 건강의 중요성은 아무리 강조해도 지나치지 않는다. 우리가 맞이하는 백세시대도 건강한 '무병장수'를 말하는 것이지, 병마와 싸우면서 100살까지 사는 것을 의미하는 것은 결코 아닐 것이다.

앞서 평균수명에 관해 얘기했지만, 선진국에서는 이 평균수명보다는 '건강수명'을 더 중요하게 여긴다. '건강수명'이란 평균수명에서 질병이나 부상으로 활동하지 못한 기간을 뺀 수명을 말한다. 따라서 건강수명은 단순히 얼마나 오래 사느냐가 중요한 것이 아니라 실제로 활동을 하며 건강하게 사는 기간이 얼마나 되는지 삶의 질을 따지는 건강지표라 할 수 있다.

한국보건사회연구원이 발표한 2011년 한국인의 건강수명은 70.74세이다. 성별로 보면 남성의 건강수명이 68.79세이고 여성이 72.48세로 나타났다. 2011년의 평균수명이 81.2세 인 것과 비교하면 그 차이가 10년인데 이는 평생을 살면서 10년 동안은 질병을 앓는다는 뜻이 된다. WHO(세계보건기구)의 2010년 통계에 따르면 한국노인은 남성 8년, 여성 11년 동안을 치료를 위해 병원에 다닌 것으로 분석됐다. 특히 당뇨, 고혈압, 치매 등 완치가 없고 장기간의 치료가 필요한 노인 질환 발병률이 높아지고 있어 건강한 노후 생활을 위협하고 있다.

이에 따른 의료비부담도 만만치 않다. 국민 한 사람이 전 생애 동안 지출하는 의료비 중 65세 이후에 발생하는 의료비 비중이 절반을 넘는다. 2013년 기준으로 전체 남성의 생애의료비는 1억177만원이고, 이중 50.5%에 해당하는 5,137만원이 65세 이후에 지출된다. 여성의 경우엔 이 비율이 더 높다. 전체 생애의료비 1억2,331만원의 55.5%인 6,841만원이 65세 이후에 지출된다. 이런저런 질병을 달고 살아가는 노년기에 수술비나 병원치료비, 약값을 쓸 일이 집중적으로 발생한다는 이야기다.

월평균 소비지출 가운데 의료비가 차지하는 비중을 살펴봐도 노인인구가 저야할 부담이 상당하다는 점이 드러난다. 2013년 통계청 가계금융·복지조사에 의하면, 65세 이상 가구는 월 지출의 15.3%를 의료비로 쓰고 있어 전체가구(6.4%)의 2배가 넘는 것으로 나타났다.

사회 전체의 의료비 규모도 기하급수적으로 늘어나고 있다. 우리나라 노인의료비는 2003년 4조4,008억원에서 2011년 15조3,893억원으로 3배 이상 늘었다. 같은 기간 총 의료비에서 노인 의료비가 차지하는 비율은 21.2%에서 33.3%로 10%포인트 이상 늘었다. 바로 이 노인의료비 증가세 하나만 보더라도 고령화가 사회 전체, 그 가운데에서도 보건의료분야에 미치는 충격은 엄청나다.

노인의료비를 포함한 노인복지정책을 공적영역인 정부의 재정 확대로만 감당하는 건 한계가 있으므로 노후소득과 의료비 준비를 위한 노인 일자리사업 확대, 정년연장 등 사회 전체적인 틀에서 노인복지정책을 고민해야 한다는 목소리가 설득력을 얻고 있다. 국가의 과도한 부담을 완화하고 개인의 자발적 노후준비를 돕기 위해서는 생명보험산업 등 민간영역의 인프라를 복지체계에 참여시키는 등의 방안도 강구되어야 한다는 주장도 나오고 있다.

지금과 같이 급속한 고령화는 인류 역사상 처음 겪는 문제인데다가 복지기반이 취약한 우리나라로서는 대처하기가 쉽지 않은 문제이다. 어쩌면 짧은 시간 동안이나마 힘들게 쌓아왔던 체계를 허물고 노인복지시스템을 중심으로 공공복지체계를 처음부터 다시 설계해야 할지도 모른다. 새 술은 새 부대에 담아야 한다. 그 누구도 피해갈 수 없는 노년기를 위한 국가 정책은, 특히 세계 최고 속도로 노령화되어 가고 있는 지금의 대한민국에서 국가의 명운이 걸린 가장 시급한 일이자 공공복지정책의 핵심이 되었기 때문이다.

병원 2층 로비에 설치된 기구를 이용해 재활운동중인 어르신들. 백세시대는 단순히 오래 사는 것이 아니라 건강하게 천수를 누리는 건강백세시대가 되어야만 한다.

그러나, 2012년 제18대 대통령선거 때부터 지금까지 대한민국은 유례없는 '복지논란'에 시달리고 있다.

지난 2014년 7월1일부터 일정금액 이하의 소득으로 생활이 어려운 만 65세 이상의 노인(전체 노인의 70%)을 대상으로 최대 20만원까지 지급하는 기초노령연금제도 확대안이 시행됐다. 당초 이 정책은 기존의 기초연금액 9만7천원을 20만원까지 늘려 대한민국 모든 노인과 중증장애인에게 지원하겠다는 박근혜 대통령의 핵심 선거공약이었으나 2년여의 기간 동안의 논란을 거치면서 대상을 저소득층 노인으로 줄여 실시된 것이다.

GDP(국내총생산) 대비 기초노령연금은 일본이 10.1%(2009년 기준), 유럽이 11%(2010년 기준)에 달하는 것과 비교할 때 기초연금액 20만원인 한국은 GDP 대비 1%에 불과하지만 이를 둘러싼 논쟁은 실로 뜨거웠다. 안정된 노후를 위한 노인복지정책이기는 하지만 정부의 재정부담 문제와 국민연금가입자와의 형평성 문제가 도마에 올랐고 재원확보와 관련해서 '증세'문제는 정치권의 뜨거운 감자가 됐다.

같은 맥락에서 영유아 무상보육, 학교 무상급식 정책 또한 국민의 표를 의식한 '포퓰리즘 복지정책'이라는 비판 속에 혼란을 거듭하고 있다.

이 같은 정부 복지정책의 혼돈은 결국 복지예산 확보의 어려움에서 근본원인을 찾을 수 있다. '복지정책'은 예산이 반드시 수반될 수밖에 없는데 이 예산을 확보하기 위한 가장 쉬운 방법은 국민과 기업들에게서 세금을 더 걷는 것이고 차선책은 다른 용도로 정해진 국가예산을 전용하거나 절약해서 자금을 마련하는 것이지만 두 가지 방안 모두가 그리 호락호락하지는 않다.

국민들의 공감대 없는 증세는 당장 국민들의 저항에 부딪힐 것이고 증세 없이 세출절감과 세입확충을 통한 예산확보 방안은 경기에 따라 그 안정성이 민감하게 요동치기 때문이다. 실제 '증세 없는 복지확대'를 내걸었던 박근혜정부는 두 번째 예산확보방안을 추진했지만 정부 세수에 3년 연속 결손이 발생함으로써 복지확대 정책에 빨간불이 들어온 상황이다. 2014년 봉급자들로부터 9,000억원의 세금을 더 걷으려다 실패한 연말정산 파동에 이어 2015년 벽두부터 담배소비세를 올린 배경에 국민건강을 증진시키겠다는 명분보다는 정부의 결손을 올린 담배세로 메워보려는 정부의 꼼수가 작용했다는 비난을 받는 이유다.

2013년을 기준으로 한국의 공공사회복지지출은 GDP의 9.8%인데 비해 OECD 평균은 22.1%였다. 단순 수치비교만 보더라도 한국의 복지지출은

복지확대에는 비용이 든다. 복지에 드는 재원확보를 위한 증세문제는 삼킬 수도 없고 뱉기도 어려운 '뜨거운 감자'가 되었다.

다른 선진국에 비해 턱없이 낮은 수준이고 향후 선진국을 따라잡기 위해서는 막대한 비용이 필요할 것임은 삼척동자라도 쉽게 짐작할 수 있다. 게다가 세계에서 가장 빠른 고령화속도를 보이고 있는 우리나라 실정을 감안하면 복지확대에 훨씬 더 많은 비용이 들게 될 것임은 두말할 필요가 없다.

이런 상황에서 '증세 없는 복지확대'를 부르짖으며 지금과 같은 복지정책을 펼치는 것은 임시변통책이 될 수밖에 없다.

'세상에는 공짜 점심이 없다'는 경제학의 기본원칙을 들먹이지 않더라도 복지는 절대로 공짜가 아니다. '증세 없는 복지확대'가 허구일 수밖에 없다면 얼마의 세금을, 누가 더 부담할 것인가라는 문제가 남는다. 나는 이 문제의 해법에 필요한 것이 '정당한 불평등'의 논리라고 믿는다. '정당한 불평등'이란 많이 가진 사람은 많이 내고 적게 가진 사람은 적게 내는 것이다. 누군가는 이 논리가 이미 현실에서 적용되고 있지 않느냐고 반문할 지도 모르겠다. 하지만 우리 사회에서 그 원칙이 제대로 지켜지고 있느냐고 그에게 다시 묻는다면 결코 확신에 찬 대답을 얻기는 어려울 것이다.

나는 세금이 국민의 의무를 넘어 국가공동체를 위한 자발적 협찬이며 부의 사회환원이라고 믿는다. 나아가 더 가진 자의 더 많은 세금납부는 미덕이 아니라 남보다 더 많이 가지게 해준 사회구성원 전체에 대한 의무라고 생각한다. 따라서 복지확대를 위해서는 서민들의 고단한 주머니를 털어서 곳간을 채울 생각은 버리고 미어터질 지경인 부자들의 금고에서 더 많이 가져오는 방안이 강구되어야 한다.

보편적 복지를 '무상'복지라며 공짜 뉘앙스를 입혀 복지의 근본취지를 왜곡해서도 안 된다. '적어도 인간다운 생활을 보장받아야 하는 것'이 국민의 권리이며 '최소한 인간다운 생활을 보장해 주어야 하는 것'은 국가의 의무이기 때문이다.

무지의 장막

'무지의 장막'은 20세기 가장 뛰어난 정치철학서로 꼽히는 '정의론'(1971년)에서 존 롤스가 정의로운 사회를 만들기 위한 계약의 기본전제로 제시한 상황을 이르는 말이다.

한 사회를 유지하기 위한 구조와 제도를 만들기 위해서는 법률이나 다른 어떤 형태이든 구성원 간의 합의가 필요하다. 이 때 합의의 당사자들은 자신이 처한 상황에서서 공동의 이익보다는 각자의 이익을 더 크게 하기 위해 각축을 벌이게 될 것이고 결국 모든 사람이 동의하는 합의를 도출한다는 것은 현실적으로 불가능해진다. 존 롤스는 이러한 결과를 방지하기 위해 참가자들이 자신의 개인적 특성이나 사회적 지위, 처한 상황, 예측되는 장래의 일 등을 전혀 모르는 상태를 가정하였는데 이를 '무지의 장막'이라고 이름지었다.

존 롤스는 이러한 '무지의 장막' 하에서 합의에 임한다면 모두가 동의할 수 있는 합의의 원칙들을 도출할 수 있다고 주장했는데 그에게 있어 모두가 동의하는 이 합의의 원칙이 '정의'이며 이 원칙이 구현되는 사회가 바로 '정의로운 사회'였다.

존 롤스는 '최대다수의 최대행복'을 최고선으로 삼는 공리주의가 강한 다수의 행복을 위해 약한 소수의 희생을 필요악처럼 여기던 현대사회의 풍조를 비판하고 대안을 제시한 학자이다. 그는 사회적 규범이 지녀야 할 가장 중요한 원칙은 '공정으로서의 정의'라고 주장하며 공리주의의 폐해는 그 공정성을 확보하지 못했기 때문에 발생한다고 생각했다. 그러므로 누구에게나 공정한 결과를 얻기 위해서는 공정한 원칙과 절차가 마련되어야 하며 이를 얻기 위한 전제조건으로 '무지의 장막'이라는 상황을 가정했던 것이다.

예를 들어 어떤 국가의 복지제도를 처음 만들려는 상황을 가정해보자. 참석한 사람들은 자신이 처해 있는 상황에 대해 아무 것도 모르고 있다고 하자. 어떠한 규칙이나 제도는 현재보다는 미래를 위한 것이고 복지는 개인이 행복할 때보다는 힘들고 어려워질 경우를 대비한 것이다. 장래 자신이 어찌될지 모르는 참석자들은 당연히 자신 또는 후손들이 미래에 행복한 경우보다는 불운한 사고로 장애인이 되었을 경우, 사업 도산으로 생계가 어려울 경우, 심각한 질병에 걸렸을 경우 등 저마다 자신이 감당하기 힘든 최악의 상태에 빠졌을 때를 예상하고 그때 자신을 구제해 줄 대비책들을 내어 놓을 것이다. 참석자 모두가 최악의 미래를 예상하고 만든 복지제도, 다시 말해 반드시 합리적이거나 현실적이라고는 말할 수 없지만 모두가 동의하는 그런 복지제도야말로 '공정한 복지제도'일 수 있다.

'무지의 장막' 이론은 가상적인 전체에서 출발하지만 '공정' '정의'에 대한 합리적인 기준을 제시하고 있다.

노년기
함께 누리는 축복으로

몇 년 전이던가. 우리나라에 때 아닌 '정의론' 열풍이 불었다. 27세에 최연소 하버드대 교수가 된 정치철학자 마이클 센델이 자신이 실제 강의한 수업내용을 발표한 '정의란 무엇인가?'란 책이 한국에서 출판되면서였다. 샌델 교수의 책은 출간되자마자 단숨에 베스트셀러의 자리에 올랐다. 더불어 하버드대에서 학생들을 대상으로 한 실제 강연동영상이 인터넷을 통해 불나게 방영되었으며 매스컴들은 센델 교수의 한국초청강연 소식과 인터뷰를 경쟁적으로 내보냈다.

미국에서는 10만부 내외가 팔렸지만 한국에서 130만부 이상의 판매고를 올릴 정도로 유독 우리나라에서 선풍적인 인기를 얻었다. 당시 월스트리

트저널은 이에 대해 '한국 국민들의 사회경제적 공정성에 대한 욕구가 미국인보다 더 크다는 것을 시사한다'고 풀이했다. 바꿔 말하자면, 한국사회의 사회경제적 불평등에 대한 국민들의 불만이 미국인보다 훨씬 더 높고 이를 바로잡을 '정의'가 한국사회에 절실히 필요하다고 느꼈다는 것이다. 실제 2012년 한 여론조사에서 미국은 38%의 응답자가 미국사회가 불공정하다고 응답한 반면 한국은 74%가 불공정하다고 답했다고 한다.

마이클 센델이 로크와 루소와 대등한 학자로 평가한 20세기 철학계의 거목 존 롤스는 '정의'의 사회적 역할을 규정하고 저 유명한 '무지의 장막'이라는 개념을 창안한 사람이다. 롤스가 말하는 정의는 '개인적' 차원이 아니라 '사회적'인 것으로, 사회적 '정의'는 사회구성원 간의 공정한 절차에 의해 합의할 수 있는 것이며 이러한 '사회적 정의'가 구현된 제도와 정책만이 '정의로운' 것이라는 논리를 전개했다.

예를 들어 수많은 사람들이 로또를 사지만 1등에 당첨된 사람만이 수십억에 이르는 당첨금을 들고 갈 뿐 나머지 대다수는 본전을 찾기도 힘들다. 언뜻 보면 매우 불공정한 일이지만 아무도 그것을 문제 삼지 않는다. 그렇게 한다는 사회적 합의가 있었고 또 누구나에게 그 같은 행운이 올 수도 있기 때문이다.

롤스는 천부적 또는 사회적으로 가장 혜택받지 못한 계층인 최소 수혜자에게 인간다운 생활을 영위하기 위한 최소한의 조건과 '실질적인 기회평등'이 보장되어야 한다고 주장하며 이처럼 사회적 약자에 대한 배려, 즉 '복지'가 '정의롭게' 실현되는 사회가 정의로운 사회라고 정의했다.

재벌의 후계자와 기초수급자가 같은 기회를 얻는다면 당연히 전자의 성공가능성이 높다. 그렇기에 후자에게 많은 혜택을 줘서 실질적인 기회평등을 이뤄야 한다는 것이다. 그의 이론에 따르면, '사회적 합의'라는 절차적 정당성이 확보되면 이처럼 '정당한 불평등'은 당연히 용인되어야 한다.

타고난 신체조건으로 성공한 야구선수가 있다고 가정해보자. 이 선수는 남보다 월등한 힘과 근력으로 프로야구선수로서 일반인은 꿈도 꿀 수 없는 액수의 연봉을 받으며 많은 재산을 모았다. 이와 달리 태어날 때부터 선천적인 신체장애를 가진 한 사람이 있다고 가정해 보자. 이 사람은 평생을 휠체어에만 의지한 채 남의 도움 없이는 움직이기조차 힘들 뿐 아니라 부모로부터 물려받은 재산도 없어 언제나 정부의 보조금에 기대어 생활해야만 하는 형편이다.

야구선수는 거의 병원에 갈 일도 없고 생활도 남부럽지 않으므로 정부로부터 어떠한 지원도 받지 않는다. 그럼에도 불구하고 그는 그 사회의 보통 사람들에 비해 몇 배나 되는 의료보험료와 세금을 국가에 납부한다. 이에 반해 장애인인 사람은 적어도 한 달에 한 번은 병원에 들러 검사를 받아야 하고 물리치료도 해야 한다. 물론 무료이다. 생활도 정부로부터 생계보조금과 장애인지원금을 지급 받아 충당한다. 그런데도 소득이 없으니 국가에 단 한 푼의 세금도 바칠 수 없다고 할 때, 이 두 사람에 대한 사회의 대우는 과연 정당한 것인가? 야구선수의 입장에서 생각하면 분통 터지는 일일 수도 있지 않을까.

그러나 대다수의 사람들이 이 사례에서 불공평하다고 느끼지 않을 것이다. 왜 그럴까? 한 사람은 남보다 훨씬 많이 내고도 받는 것이 전혀 없고 또 한 사람은 내는 것이 전혀 없는데도 받기만 하는데도. 단순히 가진 자

성공한 야구선수와 선천적 신체장애인에 대한 '사회적 차별'은 과연 정당한가?

에 대한 시기심과 어려운 이에 대한 동정심이 발동해서일까. 롤스는 그 이유를 그러한 사회제도에 대한 사회구성원 사이에 있었던, 사회적 약자를 위한 '정당한 불평등'을 용인하겠다는 '합의'에서 찾는다. 그렇다면 '정당한 불평등'을 용인하게 되는 근본적인 이유는 무엇일까. 사회를 떠나 혼자서는 살 수 없는 인간의 사회적 속성 때문일 것이다.

야구선수의 성공요인은 일차적으로 개인의 타고난 능력 탓이다. 남보다 뛰어난 근력과 민첩성이 그를 일류선수로 만들어 부와 명예를 거머쥐게 만들었을 것이다. 그러나 야구를 좋아하는 사회적 분위기가 없었다면 그에게 과연 그런 성공은 가능했을까? 그가 만일 100년전 한국에서 태어났다면, 아니면 지금의 북한에서 태어났다면 말이다. '성공'이라는 단어에는 '사회적'이란 단어가 숨어있다. 누구든지 개인의 성공, 그 밑바탕에는 그

개인을 길러 낸 사회적 토양이 있게 마련이다. 높은 지위나 고귀한 신분, 부나 명예를 대물림한 경우라 해도 마찬가지다. 시간을 거슬러 올라가면 그들이 누구든, 그 밑바탕에는 그들을 길러 낸 사회적 토양이 있게 마련이다. 그렇다면 그들은 크든 작든 그들이 속한 사회에 빚을 진 것이라고 말할 수 있지 않을까? 그들에게 그들이 속한 사회에 대한 의무와 책임이 강조되는 이유도 바로 여기에 있다.

사회의 도움으로 더 많은 것을 누리게 된 개인이 자신의 잘못이 아니라 타고난 장애로 인해 고통 받는 또 다른 사회구성원을 위해 더 많이 내놓는 것. 그것은 어찌 보면 자선일 수도 있겠지만 나는 그것을 사회구성원으로서의 의무이자 사회에 대한 당연한 빚 갚음이라고 본다. 그런 의무 내지 빚 갚음 행위는 내가 사는 사회의 토양을 기름지게 하여 다시 나와 내 후손들은 물론 다른 사회구성원들의 성공을 북돋워 줄 자양분이 될 것이다.

사람은 원하지 않지만 어쩔 수 없이 나이를 먹고 누구나 노인이 된다. 그러기에 노인대책은 곧 자신과 자신의 후손을 위한 노후대책이다. 나는 한국의 노인제도가 당장 눈앞에 보이는 당리당략적 이해관계를 떠나 백년 앞을 내다보는 깊이 있는 철학적 사고와 충분한 사회적 논의를 통해 누구나 공감하는 '공정한 사회제도'로 거듭나기를 소망한다.

제 3 장

또 하나의 가족

꽃 같은 인연

부처님께서 왕사성 죽림정사에서 몇 년 만에 사위성 기원정사로 돌아오던 날, 사위성 사람들은 부처님이 지나시는 길에 등을 걸어 불을 밝히고 있었다. 구걸로 먹고살던 난타難陀라는 이름의 걸인 노파도 부처님께 공양하기 위하여 온 종일 거리를 헤매며 구걸한 동전 세 닢을 가지고 기름을 사고 초라하지만 정성을 다해 등을 걸었다.

노파가 구걸한 동전 세 닢은 몇 끼를 해결할 수 있는 큰 돈이었으나 밤새 등불을 켤 기름을 사기에는 턱없이 모자란 돈이었다. 그런데 놀라운 일이 일어났다. 기름이 다 되어 고작 서너 시간이면 꺼져야할 노파의 등은 새벽까지도 꺼지지 않았고 유난히 더 밝은 빛을 뿜고 있었다.

이날 불을 끄는 당번인 목건련이 거리의 등불을 하나씩 꺼나갔으나 노파의 등은 꺼지지 않았다. 노파의 등불은 목건련이 입으로 불어도 끄떡하지 않았고 옷자락으로 끄려 해도 여전히 살아있었다.

그때 부처님께서 목건련에게 말씀하셨다.

"부질없이 애쓰지 마라. 지금 네가 끄려 하는 그 등불은 비록 사해의 바닷물을 길어다 붓거나 크나큰 태풍을 몰아와도 끌 수 없다. 그 등불을 보시한 사람은 자기의 재산과 마음을 진실하게 바친 뒤 일체 중생을 구원하겠다는 큰 서원을 세운 것이기 때문이니라."

그리고 난타를 불러

"너는 오랜 세월이 지난 뒤 불국토를 성취하고 부처가 될 것이다. 그 이름은 연등불燈光이라 할 것이고, 여래의 열가지 명호를 모두 갖출 것이다."라는 수기授記를 주셨다.

— 현우경 賢愚經 빈녀난타품 貧女難陀品

노인 부양
가족에서 사회로

우리나라는 전통적으로 노부모를 제대로 공양하지 않으면 불효죄로 매우 엄격히 처벌할 정도로 경로사상을 국가의 지도이념으로 소중하게 여겨왔다. 하지만 '긴 병에 효자 없다'는 말처럼 오랜 기간 병상에 누워 있는 노부모를 지극히 봉양하는 일은 말처럼 쉽지 않다.

과거처럼 가족은 물론 친족들이 함께 모여 살던 농경사회가 아니라 산업화로 가족 구성원이 흩어져 사는, 아니 살 수밖에 없는 핵가족사회에서, 그것도 과거보다 평균수명이 거의 배 이상이나 늘어난 지금, 거동이 힘든 노인을 보살핀다는 것은 예삿일이 아니다. 당사자들의 육체적, 정신적 고통은 제쳐두더라도 웬만한 가정에서는 노인부양이 경제적 부담은 물론이고 가족간 갈등으로 인한 가정파탄의 원인이 되기도 하고 부모의 부양을 외면하는 자식들이 늘어 돌봄이 필요한 노인들이 내팽겨져 쓸쓸히 죽음을 맞는 경우도 허다하다.

이런 상황에서 2007년 4월 법이 제정되어 이듬해 7월부터 실시된 노인 장기요양보험제도는 전통적으로 가족들이 져야만 했던 노인부양의 무거운 짐을 시대변화에 따라 국가가 일부 대신 짊어지게 되었다는 점에서 큰 의미가 있다.

장기요양제도의 기본목적은 노인이 자신의 의사에 입각하여 스스로 생활이 가능하도록 자립생활을 지원함과 동시에 노후의 건강증진을 도모하고 이를 통해 국민의 삶의 질을 향상시키는 데 있다. 또한 가정 및 재가중심의 노인지원체계를 강화하여 가족의 부담을 경감함으로써 가정을 근간으로 한 우리의 자랑스런 효(孝)문화의 전승과 확산, 즉 '가정에서의 효'가 '사회적 효'로 그 범위가 확대되는 획기적인 계기가 될 것으로 기대를 모으고 있다.

그러나 장기요양제도는 신체적·정신적 기능장애를 기준으로 수발 비용을 지급하며, 주로 비의료적 서비스로 구성되어 있다는 점에서 질병치료를 목적으로 하는 건강보험과 차이가 있다. 즉, 노인장기요양제도는 고령이나 노인성 질환으로 혼자서는 일상생활이 불편한 노인을 대상으로 신체활동과 가사활동을 보조하는 수준에 그칠 뿐, 거동불편의 근본원인인 노인성 질환의 치료는 요양제도에 포함되어 있지 않다. 엄밀히 말해 이 제도는 일종의 복지보험이지 의료보험은 아니기 때문이다.

사정이 이렇다 보니 노인에 대한 수발과 치료를 따로따로 해야 하는 불

우리나라는 요양병원과 요양시설간 역할과 기능정립이 제대로 되지 않아 이용자들에게 혼선을 주고 있다.

편이 따른다. 장기요양제도상 등급판정을 받아 요양원이나 재가서비스를 받더라도 노인성 질환의 치료는 병원에서 따로 받아야 하는 것이다. 노인이 되면 누구나 만성질병을 하나 이상씩은 가지고 있기 마련이고 따라서 노인수발에는 신체 및 가사활동 보조는 물론 치료행위까지 포함되어야 한다는 것이 나의 생각이다. 노인과 관련된 의료·복지서비스 실태는 이와 같은 인식이 비단 나만의 것은 아님을 보여준다.

　우리나라에서 요양병원과 요양기관이 폭발적으로 증가하게 된 것은 인구 고령화, 노인성 질환의 증가, 정부의 요양병원 확충 지원정책 등이 복합적으로 작용하기도 했지만 직접적으로는 장기요양보험제도의 시행이 주요한 원인이었다. 그러나 요양병원과 요양기관의 급증에 반해 정부차원에서의 명확한 기준과 관리대책, 홍보 등이 미흡한 탓으로 국민들의 혼란과

요양병원과 요양원의 차이점

요양병원		요양원
3개월 이상 입원 치료가 필요한 노인성 질환으로 치료가 필요한 노인이 입원.	의미	65세 이상 노인성 질환이 있는 노인이 장기요양등급(1, 2등급 및 3~5등급 중시설급여)을 받아서 입소
돌봄보다는 증상에 따른 치료.	역할	치료보다는 돌봄 서비스 제공
의사, 한의사와 간호사가 상주해 환자를 치료	의료 서비스	의사는 상주하지 않음. 한 달에 2번 협진 병원 의사나 촉탁의사가 건강 체크
국민건강보험	보험	노인장기요양보험
1372곳	현 시설 수	5083곳
약 33만2000명	현 인원 수	약 13만 2000명
월 60만 ~ 200만 원	환자부담비	월 40만 ~ 100만 원

보건복지부 자료를 인용한 동아일보 2016년 3월 7일자 기사

노인의료비 과다지출 등의 시행착오를 거듭하고 있다.

이러한 상황이 가리키는 것은 무엇일까? 요양병원은 의료법상 의사 또는 한의사가 의료를 행하는 병원, 즉 의료기관이며 요양시설은 의료서비스보다는 재활과 생활 중심의 노인수발서비스 제공을 목적으로 하는 복지시설이다. 또한 요양병원은 국민건강보험의 적용을 받고 요양시설은 장기요양보험의 적용을 받는 기관이다.

이처럼 법규의 적용과 기관의 역할이 분명히 다름에도 불구하고, 우리나라는 요양병원과 요양시설 간 역할과 기능정립이 제대로 되지 않아 이용자들에게 혼선을 줄 뿐 아니라 환자를 유치하기 위한 경쟁관계에 놓이기도 한다. 실제로 치매나 뇌졸중후유증 등으로 일상생활이 힘든 노인을 집이 아닌 시설로 모시고자 할 경우, 가족들은 요양원에 모실 것인지, 요양병원에 입원시킬지를 놓고 고민에 빠지게 된다.

'돌봄'과 '치료' 가운데 어느 것에 우선을 둘 것인가? 지금 당장 '치료'가 필요하지는 않다고 하지만 고령에다 신체도 허약한 노인에게 돌발상황이라도 생긴다면?…' 이러한 고민 끝에 찾게 되는 곳은 아무래도 '치료'를 겸하는 요양병원일 터이다. 실제 부담해야 하는 비용도 큰 차이가 나지 않는데다, 요양시설에 입소하기 위해서는 등급판정이 선행되어야 하고, 요양병원에의 입원은 이러한 판정없이도 본인이나 의사의 판단에 따라 가능하기 때문이다.

하지만 노인환자의 요양병원 쏠림현상도 바람직한 것은 아니다. 요양병원 간 경쟁심화로 환자유치를 위한 과당경쟁과 의료서비스의 질 저하를 불러오고 이는 곧 노인복지 수준의 저하와 함께 노인건강에 대한 위협으로 다가오기 때문이다.

장기요양제도

장기요양제도는 고령이나 노인성 질병 등의 사유로 일상생활을 혼자서 수행하기 어려운 국민에게 목욕, 취사, 조리, 세탁, 청소, 목욕, 배설, 청소, 간호, 진료의 보조 등 신체활동 또는 가사활동지원 등의 서비스를 제공하고 이에 필요한 비용을 국가에서 대부분을 부담하는 제도이다.

장기요양신청 대상은 스스로 일상생활이 곤란한 65세 이상 노인과 치매, 뇌혈관성 질환, 파킨슨병 등 노인성 질환을 가진 65세 미만자이며 신청접수는 국민보험공단(전화 1588-1000) 지사에 설치된 장기요양보험 운영센터와 시군구 읍.면사무소, 동 주민센터에서 할 수 있다. 신청이 들어오면 장기요양관리직원이 직접 방문하여 신청인 심신상태를 조사하고 '장기요양인정점수'를 산정하여 등급을 판정한다. 요양 1~5등급으로 판정 받을 경우 집이나 요양시설에서 장기요양급여 서비스를 이용할 수 있다.

장기요양등급판정기준
◇1등급 : 95점 이상(일상생활에 전적으로 다른 사람의 도움이 필요한 상태)
◇2등급 : 75~95점 미만(일상생활에서 상당한 도움이 필요한 상태)
◇3등급 : 60~75점 미만(일상생활에서 부분적으로 도움이 필요한 상태)
◇4등급 : 51~60점 미만
　　　　(일상생활에서 일정 부분 다른 사람의 도움이 필요한 상태)
◇5등급 : 45~51점 미만(노인성 질환에 해당하는 치매환자)

장기요양급여는 등급에 따라 월지원 한도액이 정해지고 이를 초과한 금액은 본인이 부담해야 한다. 환자의 상태에 따라 최소 1년에서 최대 3년6개월까지 받을 수 있으며 계속 서비스를 받으려면 유효기간 끝나기 30~90일 전까지 갱신 신고를 하면 된다.

장기요양급여는 재가급여, 시설급여, 특별현금급여로 나뉘고, 재가급여에는 방문요양, 방문목욕, 방문간호, 주·야간보호, 단기보호 및 복지용구서비스기관 등이 있다. 시설급여는 노인의료복지시설에 입소하여 신체활동지원, 심신기능의 유지·향상을 위한 교육·훈련 등을 제공하는 것을 말한다. 특별현금급여로 가족요양비가 있다. 가족요양비는 장기요양기관이 현저히 부족한 도서, 벽지지역에 거주하거나 특별한 사유가 있는 경우 그 가족에게 요양비를 지급하는 것을 말한다. 노인이 입소하는 시설은 입소자 10인 이상인 노인요양시설, 5~9인 이하인 노인요양공동생활가정이 있다.

필요한 재원은 건강보험 가입자의 보험료와 정부, 본인 부담금 등으로 충당한다. 본인 부담금은 재가급여의 경우 당해 장기요양급여비용의 15%, 시설급여의 경우 당해 장기요양급여비용의 20%이다. 단, 국민기초생활보장법에 따른 수급자는 본인 부담금이 면제되며, 의료급여수급권자는 본인 부담금의 절반만 내면 된다.

노인요양
제도의 손질부터

한국과 일본의 병원제도는 OECD 국가 중에서 가장 비슷한 모습을 하고 있다. 다른 나라들의 병원이 대부분 국공립병원인데 비해 한국과 일본의 병원 대부분은 민간병원이다. 물론 미국도 병원의 대부분이 민간병원이기는 하지만 한국과 일본의 민간병원이 대부분이 (사실상) 의사의 소유이고 미국처럼 주식회사와 같은 영리법인에 의한 병원경영이 제도적으로 불가능하다는 차이점이 있다. 급성기병원과 만성기병원 같은 병원의 기능분화가 늦다는 점도 미국과의 차이점이자 두 나라 병원제도의 유사점이다.

그러나 이처럼 한국과 일본의 병원제도가 비슷하다고 해서 곧바로 비슷한 노인의료복지정책 실시로 이어지는 것은 문제가 있다. OECD 다른 국가들에 비해서는 비슷하지만 두 나라만을 놓고 보면 사회제도와 의료시설과 시스템 등 여러 가지 면에서 차이가 있다.

일본에서 의료법인병원의 개설자는 원칙적으로 의사에 한정되어 있으며 지방자치단체의 '지역의료계획'에 의한 병원신설이 강력히 제한되어 있고 이로 인해 우리나라와 달리 병원의 도산이 거의 없다. 다만, 중요한 점은 일본에서는 노인병원과 같은 고령자의 장기요양시설이 우리에 비해 잘 정비되어 있다는 점이다.

일본은 1973년 '노인의료비 무료화정책'을 시작으로 의료이용 평등화 정책을 실시하지만 노인의료비의 급증과 입원의료편중 현상으로 국가재정에 큰 부담으로 작용하기 시작했다. 이에 대한 대책으로 1982년 노인보건법을 제정해 노인의 특성에 맞는 의료 및 케어서비스를 제공하는 노인병원을 제도화하고 1989년 골드플랜, 1994년 신골드플랜으로 노인요양시설을 계획적으로 정비하여 고령자의 보건과 복지시스템을 마련한 바 있다.

그리고 이러한 사회적 토대 위에 마침내 고령자를 위한 '개호보험제도'를 실시하기에 이른다. 그런데 우리나라는 급속한 고령화에 쫓겨 일본이 20~30년간 차근차근 준비한 과정을 단시간 내에 답습하려다보니 사회적 부작용이 발생할 수밖에 없었다는 것이 솔직한 내 생각이다. 일본과 달리 요양병원과 요양시설에 대해 명확한 역할과 기능의 정립, 시설에 대한 엄격한 관리와 지원정책 등이 없이 '장기요양제도'를 실시하다보니 이용자들에게 혼선을 주고 있는 것이다.

요양병원과 요양원과 같은 요양시설은 원래 사회제도의 취지가 그러하듯, 경쟁보다는 상호보완적인 관계가 되어야 한다.

우리나라 장기요양제도의 모체가 된 일본의 개호보험제도는 노인복지에 대한 장기계획 아래 준비되었고 법개정 후에도 3년간의 준비기간을 거쳐 시행되었다.

　장기적인 주거와 돌봄, 요양이 필요한 노인은 요양시설에 입소하고, 질병의 치료나 의사의 조치가 늘 필요할 경우는 요양병원에 입원하는 것이 맞다. 요양병원에 입원하더라도 어느 정도 회복이 되어 안정을 되찾은 이후에는 요양원으로 옮겨 일상생활을 영위할 수 있다. 또한 요양원에 입소해 있다가도 일시 치료가 필요한 질병으로 의사의 케어가 필요하면 요양병원에 입원했다가, 질병이 어느 정도 완쾌되면 다시 요양원으로 돌아가 돌봄을 받으면서 요양하고 상태가 더 호전되면, 집으로 돌아가 재가케어를 받는 것이 가장 이상적이다.

　하지만 현실은 다른 방향으로 흘러가고 있다. 경증 질환을 앓고 있거나 일상생활에의 돌봄만 있으면 충분한 노인이 요양병원에 입원하는가 하면, 중증 질환으로 여차하면 생명이 위급할 수도 있는 노인이 요양원에 입소하여 제대로 된 치료시기를 놓치는 안타까운 일이 발생하기도 한다.

그렇다면 왜 이와 같은 문제가 발생하는 것이며 대책은 없는 것일까? 우선 요양병원과 요양시설 모두 적용되는 일당정액제의 개선이 먼저 이루어져야 한다고 생각한다. 우리나라의 의료비는 기본적으로는 의료행위 한 건마다 가격이 매겨지는 행위수가제가 기본이며 대부분 일반병원에서 주로 적용된다. 하지만 상시적인 의료케어가 필요한 요양병원과 일상적인 돌봄서비스가 제공되는 요양원 등에서는 개별적인 행위의 산정이 곤란한 사정 등으로 노인의 중증도에 따라 하루를 기준으로 포괄적으로 비용을 산정하는 일당정액제로 운영된다.

이러다 보니 다른 치료나 서비스를 하더라도 이로 인해 발생하는 수입이 없고 행위수가제보다 상대적으로 낮을 수밖에 없는 정액수가제로 인해 재원인원을 늘이는 것이 경영을 위한 최우선적인 과제가 된다. 시설과 인력을 제대로 갖추지 않고 운영하는 곳은 수익이 나고, 제대로 된 시설과 인력으로 운영하는 곳은 적자를 볼 수밖에 없는 구조이다. 그 결과 수요자인 국민들은 요양원은 다 같은 요양원이고, 요양병원은 다같은 요양병원이라는 식의 인식을 가지게 되었고 이로 인해 요양원과 요양원, 요양원과 요양병원, 요양병원과 요양병원 간 제살 깎아먹기식의 극심한 출혈경쟁을 하게 되는 것이다.

이 같은 부작용 때문에 요양병원의 경우, 2013년부터 '요양병원 의무인증제'가 실시되었다. 요양병원 인증제는 의료기관이 환자의 안전과 의료서비스의 질 향상을 위해 자발적이고 지속적인 노력을 하여 국민에게 양질의 의료서비스를 제공하도록 하기 위한 취지로 보건복지부가 정한 일정수

병상과밀화 해소와 같은 노인복지서비스개선을 위해서는 노인요양시설에도 급성기병원에서와 같은 포괄간호서비스제도가 필요하다.

준을 달성한 의료기관에 대해 1등급 ~5등급의 인증마크를 4년간 부여하는 제도이다. 의료소비자인 국민들에게 국가가 병원의 시설과 인력을 보증하는 제도인 셈이다. 그러나 이 같은 제도가 일시적으로 효과는 있을지언정, 노인요양에 대한 문제를 근본적으로 해결할 수는 없다고 본다.

노인의료복지시스템의 원활한 운영을 위해서는 제도적 보완이 시급하다. 장기적으로 노인 관련 의료복지 서비스의 일원화를 위한 국가공공기관의 통폐합 문제는 일단 제쳐두고라도, 우선 이들 담당기관들이 요양병원이나 요양원에 입원하기 전 노인의 건강상태와 주변여건을 의무적으로 평가하고 이 평가결과에 따라 당사자에게 입원서비스를 제공할 것인지 아니면 재가서비스를 제공할 것인지의 여부를 판단하도록 해야 한다.

이를 위해 논의되고 있는 것이 '전담 케어매니저 지정'제도이다. 이 제도는 자격을 갖춘 케어메니저가 대상자의 건강상태를 정기적으로 체크하고 주변상황을 지속적으로 모니터링하고 그때그때 제공받고 있는 의료복지서비스의 적합성과 변경타당성 등을 판단하도록 하는 것이다.

장기요양제도에 빠져 있는 의료에 대한 부분도 포함되어야 할 것이다. 그 중에서 현재 급성기병원에서 시행되고 있는 포괄간호서비스제도의 요양병원에의 확대실시가 관건이다. 요양원이나 가정에서 치료 때문에 요양병원에 입원하려 해도 간병비 부담으로 포기하는 사례가 많다. 대부분의 요양병원에 6인실 이상의 병실이 압도적으로 많은 것도 간병비 부담을 조금이라도 낮추기 위해 고육지책으로 공동간병을 하고 있기 때문이다.

요양병원과 요양원, 재가돌봄기관 같은 노인의료복지와 관련된 시설이 제 역할을 하기 위해서는 이들 기관들이 고유의 기능을 제대로 살릴 수 있도록 상호연계하는 방안도 필요하다. 이와 관련해 우리나라 장기요양제도의 기본틀을 제공한 일본에서 '보건 · 의료 · 복지 복합체' 대한 논의가 '개호보험' 실시 때부터 활발하게 진행되어 왔으며 실제 의료현장에서 급속히 늘고 있는 추세는 참고할 만하다.

일본의 개호보험제도

일본의 개호보험제도는 독일의 수발보험제도, 북유럽 국가들의 제도, 영국과 미국의 케어매니지먼트를 일본의 지역건강보험제도와 절충한 형태의 제도라 할 수 있다.

우리나라의 장기요양제도의 모델이 된 것도 일본의 '개호보험제도'였다. '개호(介護)'란 곁에서 돌보아 준다는 뜻으로 우리말로 하면 '수발'이나 '돌봄', '간병' 정도의 뜻이라 새기면 될 듯하다.

'개호는 전문가에게, 사랑은 가족에게'라는 슬로건을 내걸고 출발한 이 제도는 일본국민들의 기대를 한 몸에 받았다. 지금도 그렇지만 당시에도 세계에서 노령화가 가장 진전된 국가가 바로 일본이었기에 개호의 사회화는 당시 일본국민들이 진심으로 바라던 정책이었기 때문이었다.

일본의 개호보험제도는 1997년 개호보험법이 제정되고 3년만인 2000년에 실시되었다. 우리의 장기요양제도가 2007년 법제정 후 1년만인 2008년에 시행된 것과 비교하면 법률은 10년, 제도 시행은 우리보다 8년 앞선 셈이다.

이 제도는 만 40세 이상 일본국민과 장기거주 외국인을 대상으로 보험료를 의무납부하게 하고 개호·지원이 필요할 경우 비용의 10%를 자가 부담한다. 경증자는 요지원 1,2단계로, 중증자는 요개호 1~5단계로 나누고, 요양사에 의한 방문개호와 시설을 이용할 수 있는 통원서비스, 거주지를 중심으로 이용하는 거택개호서비스, 시설에 입소하여 이용하는 시설서비스가 있다.

2006년부터 야간대응형 방문개호와 치매대응형 통원개호 등 지역밀착형 서비스가 추가되어 편의를 도모했지만, 개호시설의 거주비, 식사비가 개인부담이 되어 이용자의 부담도 늘어났다. 2015년부터는 요지원자 대상의 방문개호 및 주간보호서비스가 개호보험에서 지방자치단체의 사업으로 이관되었고 특별양호노인홈(노인요양시설)의 입소기준이 원칙적으로 요개호 3단계 이상의 중증자로 한정했으며, 고소득 고령자의 본인부담금을 기존 10%에서 20%로 인상되었다.

또 하나의 권리
아름다운 죽음

'웰빙(well-being)이란 용어가 어느 분야에나 접두어처럼 사용되더니 언젠가부터 웰다잉(well-dying)이란 단어가 유행어처럼 퍼지고 있다.

'웰빙'이란 '잘 사는 것', '참살이' 정도의 의미인데 복지나 행복, 안녕을 뜻하는, 그야말로 삶의 질을 추구하는 말이다. 사전적 의미로는 '육체적·정신적 건강의 조화를 통해 행복하고 아름다운 삶을 추구하는 삶의 유형이나 문화를 통틀어 일컫는 개념' 정도로 풀이되고 있다.

'웰빙'이 이처럼 삶의 질을 추구하는 말이라면 '웰다잉'이란 행복한 죽음, 즉 죽음의 질을 추구하는 개념이라고 할 수 있다. 자신이 살아온 날을 정리하고 하나뿐인 생의 마지막을 아름답고 품위있게 맞이하기 위한 것이다.

'웰다잉'은 안락사 또는 존엄사 논쟁에서 촉발되었다. 안락사란 불치와 말기인 환자들의 희망에 의해 인위적으로 죽음을 앞당기는 처치를 일컫는다. 회복가능성도 없고 견디기 힘든 고통에 시달리는 환자나 가족의 부탁으로 호흡을 멈추게 하는 주사를 놓은 것(적극적 안락사)이나 생명유지에 필수적인 영양공급이나 약물투여 등을 중단하는 것(소극적 안락사)이 그 예가 될 것이다.

이에 반해 존엄사는 인간으로서 지녀야 할 최소한의 품위와 가치를 지키면서 죽는 것이다. 존엄사는 최선의 의학적 치료를 다하였으나 회복 불가능 사망상태에 이른 환자에 대해 의학적으로 불필요하다고 판단되는 산소호흡이나 심폐소생술 등 이른바 무의미한 연명치료를 중단하고 자연적

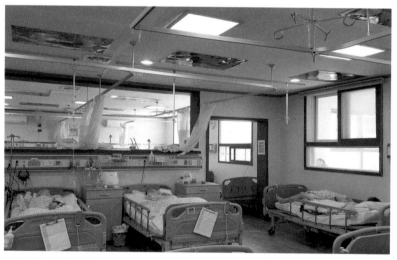

누군가의 도움 없이 미동도 어려워 병상에 누워만 계신 어르신들을 위해 관자재병원 천정에 부착한 풍경사진들.

인 죽음을 맞도록 하는 것이다. 안락사 중에서 소극적 안락사와 존엄사는 시각에 따라 동일시하기도 하고, 사람에 따라 존엄사를 자연사, 평온사라고 부르기도 한다.

안락사와 존엄사는 인간의 존엄과 행복추구권, 생명에 대한 자기결정권, 의사의 환자에 대한 생명유지 의무과 관련해 윤리적·종교적·법적·의학적 문제들이 복합적으로 얽혀 있어 세계적으로도 오랫동안 논란이 되어 왔다.

'웰다잉'은 바로 이러한 논란에서 출발했지만 존엄사 뿐 아니라 인간다운 죽음을 위한 포괄적 준비과정까지도 포괄하는 개념으로 확대되었고 2009년 의미없는 연명치료를 거부하고 자연스러운 죽음을 받아들인 고 김수환 추기경의 선종 이후 우리나라에서도 많은 사람들이 관심을 갖게 되었다. 그렇다면 과연 아름답고 인간적인 죽음을 맞이하기 위해서는 어떻게 준비를 해야 하는가?

그동안 유서쓰기, 묘비명 짓기, 짧은 자서전 쓰기, 관 속 체험 등을 내용으로 한 웰다잉 프로그램이 각종 단체나 기관에서 활발하게 펼쳐져 왔다. 최근 대학에서 일반인을 대상으로 심심찮게 개설되고 있는 싸나톨로지(임종학, Thanatology) 강좌 역시 '웰다잉'에 대한 사람들의 관심을 대변하고 있다. 한국웰다잉연구회는 웰다잉을 실천하는 방법으로 '준비된 죽음, 아름다운 죽음을 위한 웰다잉 10계명'을 제시하고 있는데 그 내용은 다음과 같다.

1. 건강체크—자신에게 불치병이나 만성질환이 없는지 자신의 몸상태를

고 김수환 추기경의 선종 이후 우리나라에서도 생을 아름답고 품위있게 마감하려는 '웰 다잉' 운동에 많은 사람들이 관심을 가지게 되었다.

정확히 진단한다.

2. 사전의료의향서 작성–회복불가능한 상태에 빠졌을 때 인공호흡기 등을 장착하거나 심폐소생술, 수혈 등을 받을 지 미리 정해둔다.

3. 자성의 시간 갖기–'내가 왜 이런 일을 겪게 된 것일까'라고 자문 하며 현재상태를 자연스럽게 받아들이고 정서적 안정을 취한다.

4. 법적 효력이 있는 유언장, 자서전 작성–자녀간 재산분쟁을 막기 위해 유언장을 작성한다. 금전적인 내용뿐 아니라 삶의 가치와 지혜를 전하는 말도 남긴다.

5. 자원봉사하기–건강할 때 자원봉사클럽에 가입해 이웃을 돕는다. 이웃을 위한 봉사가 결국 자신을 돌보는 일이다.

6. 버킷리스트 작성–하고 싶은 일을 목록으로 작성하여 가족, 친구

들과 시간을 같이 보낸다.

7. 추억의 물품 보관–기억하고 싶은 사진이나 편지, 선물, 기념품 등을 마지막 순간까지 곁에 둔다.

8. 마음의 빚 청산–돈이나 빌린 물건 등 물질적인 빚뿐만 아니라 마음의 빚도 사과의 말과 함께 갚도록 한다.

9. 고독사 예방–위급한 순간에 가장 빨리 도움을 청할 수 있는 가족이나 친구를 정해둔다.

10. 장례계획 세우기–미리 장례방법과 절차에 대한 구체적인 계획을 세운다. 자신이 원하는 죽음의 모습을 가족에게 알리는 것도 방법이다.

가정은 자신이 오랫동안 생활하던 곳이기에 '죽어도 내가 살던 집에서 죽고 싶다'는 소망은 누구나 가지고 있을 것이다. 손을 뻗으면 내가 쓰던 손때 묻은 물건들이 있고 집안 곳곳에 추억과 사연이 배어있는, 사랑하는 내 가족이 곁에 있어 마음 푸근한, 그리고 정다운 친지와 이웃이 언제라도 방문할 수 있는 곳, 이 세상에서 가장 편안한 곳이 바로 가정이기 때문이다.

그러나 건강하게 지내다가 운 좋게 자는 바람에 운명하는 경우가 아니라면 '평소 살던 집에서 가족들의 배웅을 받으며 마지막을 맞고 싶다'는 평범한 바램은 그저 단순한 희망에 그치기 십상이다. 병이 깊어지고 누군가의 도움 없이는 일상생활조차 힘든 지경이 되면 십중팔구 인생의 마지막을 병원에서 맞을 수밖에 없는 것이 작금의 풍조이다.

병원이 귀하고 농사가 주업이던 예전에야 함께 생활하던 대가족들이 돌아가면 병수발을 들 수도 있었지만, 대가족제도가 해체되고 생업으로 하루하루가 바쁜 현대사회에서 재가치료나 재가임종을 기대하기란 참으로 어려운 일이다. 여기다 최근 10여년 사이에 급속하게 증가한 노인요양병원과 노인장기요양보험제도의 실시는 노인들로 하여금 생의 마지막을 병원에서 보내는 것을 자연스럽게 여겨지도록 만들었다. 원하는 곳에서 임종하기는 현실적으로 어렵다는 말이다.

2014년 한국인이 사망한 장소의 73.1%가 병의원과 요양병원 등 의료기관이었고 주택은 16.6%에 불과했다. 2004년 의료기관 43.1%, 주택 49.3%가 사망장소였던 것과 비교하면 불과 10여년만에 완전히 역전되었다. 일본에서도 1976년 재택사가 병원사에 역전당한 이래 사망자의 80%가 병원에서 죽음을 맞는다.

혹자는 병원에서 임종을 맞는 것과 집에서 맞는 것이 무얼 그리 중요하느냐고 반문할 수도 있겠지만 문제는 그리 단순한 것이 아니다. 최근 논란이 되고 있는 종말기 연명치료와 호스피스, 안락사 또는 존엄사 등을 둘러싸고 인간이 자신의 마지막을 결정할 권리, 나아가 인간의 존엄성과도 관계있는 사회적, 윤리적, 법적인 문제이기 때문이다. 그리고 이 문제는 고령화 시대의 종말기 의료시스템과 같은 의료복지정책과도 밀접한 관련이 있다.

2009년 5월 뇌손상으로 식물인간이 된 76세 김 할머니의 가족이 세브란스 병원에 할머니의 연명치료 중지를 요구하는 소송을 제기해 화제가 되었다. 이 소송에 대해 대법원은 '회복 불가능한 사망단계에서 연명치료를 강요하는 것은 오히려 인간의 존엄을 해치므로 환자의 의사를 존중하고 의료를 중단할 수 있다'고 판결했다.

국내에서 존엄사를 처음 인정한 이 판결을 계기로 연명치료에 대한 법적 기준을 마련해야 한다는 사회적 여론이 일기 시작했고 2015년 7월 마침내 '연명의료결정법안'이 국회에 제출됐다. 우리나라 노인 10명중 9명은 연명치료를 반대하는 사회적 분위기도 일조했다.

이와는 대조적인 판결도 있다. 2004년의 '보라매병원 사건'에 대한 대법원의 판결은 '세브란스 사건'소송의 근본원인이 되기도 했던 판결이었다. 이 사건은 서울시립 보라매병원에서 인공호흡기를 달고 겨우겨우 생명을 유지하고 있는 환자에 대해 가족들이 '치료비가 없다'는 이유로 간절하게 퇴원을 요청하자 가족들의 성화에 못 이겨 퇴원을 허락한 의료진에게 살인죄의 방조범으로 실형을 선고했다. 이 판결로 의료계에서는 회복 불가능한 환자에게 치료를 중단하면 살인이 된다고 판시한 것은 아님에도 치료중단 행위가 살인이 될 수도 있다는 우려에 연명치료의 중단에 소극적이게 되었고 무의미한 연명치료를 부추기는 이같은 의료계의 관행이 '세브란스' 소송에까지 이르게 되었던 것이다.

다소 논란이 있기는 하지만 두 사건은 모두 큰 범주에서 환자의 '자기결정권'과 의사의 '환자의 생명유지의무'의 충돌에 해당한다. 둘 중에서 환자의 의사를 존중하는 것이 우선임은 명약관화한 것이겠지만 문제는 현실에서 환자의 의사를 분명히 파악하는데 애로가 있다는 사실이다. "나는 더이상 삶을 지속할 의사가 없으니 무의미한 연명치료는 중단해주시오."라던가 "치료로 소생할 가망성이 없을 경우 숨이 멎을 때까지 고통만 완화해

주기를 바랍니다"는 명쾌한 당사자의 직접적인 의사표시를 의료현장에서 접하는 일은 극히 드물다.

죽음이 임박한 상태에서는 의식이 없거나, 약물치료 등으로 의식이 명료하지 않아 대개는 자신의 의사를 충분하게 표시할 수 없기 때문이다. 구미각국에서는 종말기에 연명의료를 원치 않는 DNR지시(do not resuscitate order, 소생을 하지 말라는 지시)를 환자가 요청하는 경우가 있지만 아직까지 우리나라에선 드물다. 앞의 두 사건도 따지고 보면 환자 당사자의 명백한 의사표시를 알 수 없어 빚어진 사건으로 볼 수 있다.

웰다잉법(존엄사법)

　오랫동안 논란이 되었던 '연명치료 중지'에 대한 법제화 논의가 마침내 '호스피스 완화의료 및 임종과정에 있는 환자의 연명의료 결정에 관한 법'(일명 웰다잉 또는 존엄사법)의 시행으로 일단락되었다.

　2016년 1월8일 국회를 통과해 2018년부터 시행되는 이 법에 따르면, 회복할 가능성이 없다고 판단할 경우, 본인이나 가족의 뜻에 따라 인공호흡기 착용, 항암제 투여, 투석, 심폐소생술 등을 중단하고 통증완화를 위한 의료행위와 최소한의 물과 영양분, 산소를 공급해 환자가 자연스럽게 죽음을 맞이할 수 있게 했다.

　선진국들의 경우, 네덜란드와 벨기에, 룩셈부르크는 존엄사와 안락사를 모두 합법화했다. 미국은 오레건주와 워싱턴주에서 법적으로 허용하고 있으며 40개 주에서는 인공호흡기 제거 등의 소극적 형태로 허용하고 있다. 일본은 2006년 회복 가능성이 없는 말기 환자에 대하여 사실상 소극적 안락사를 허용하는 가이드라인을 제정한 바 있으며 프랑스는 2016년 1월27일 우리나라와 비슷한 내용의 법이 하원을 통과했다.

　환자와 보호자 혹은 가족에게 웰다잉법은 평소에 연명치료를 하지 않겠다고 의사표시를 해 왔던 환자의 뜻을 존중하여, 환자가 되도록 편안하고 의미 있는 마지막 시간을 가족들과 함께 보낼 시간을 주기도 한다. 한국보건사회연구원의 2014년 노인실태조사에서 65세 이상 노인 10명중 9명이 연명치료를 원하지 않았다.

　의사는 의사대로 자신의 의학적 판단을 법적으로 존중받으며 의학적으로 소생이 불가능하고 연명치료의 의미가 없다고 판단되면 연명치료를 중단할 경우라도 살인방조죄와 같은 법적 책임에서 해방될 수 있다.

　그러나 환자의 의지와 상관없이 경제적인 이유로의 연명의료가 중단되는 등 웰다잉법의 시행으로 인해 야기될 여러 가지 문제들에 대한 대비책들도 강구되어져야 할 것이다.

'당하는 죽음에서 맞이하는 죽음으로'

사전의료의향서(Advance Medical Directives)는 말기질환으로 회복가능성이 없으며 자신의 의사결정능력이 상실되었을 때를 대비하여 건강할 때 생명의 연장 및 무의미한 연명의료 중단 여부에 관한 보다 구체적인 의사표시를 명시한 문서이다. 품위있는 죽음 및 죽음과 관련된 자기결정권의 실현 수단이다.

죽음에 대한 자신의 생각을 미리 밝혀 놓지 않으면 돌보는 의사나 가족들이 크게 어려운 상황에 처하게 된다. 의사가 자신의 분명한 의사를 알 수 없는 경우, 현존하는 모든 의학기술을 동원해 생명을 연장해야 한다는 윤리적, 법적 압력을 받게 되며 삶의 질이나 가치 등을 고려하지 않고 연명치료를 하게 될 것이다.

그렇게 되면 환자는 중환자실에서 기도에 인공호흡기가 삽입되고 이를 통해 수동적으로 호흡하게 되며, 코를 통해 소장에 이르는 관을 통해 유동식 음식이 제공되고 삽입된 요도관을 통해 소변을 빼낸다. 또한, 혈관을 통해 지속적으로 각종 약물을 투여 받게 되고, 간혹 손과 발이 침상에 묶여지게 됨으로써 인간으로서의 존엄성을 유지하기 어렵게 된다. 가족은 가족대로 연명치료로 인한 경제적 부담과 도덕적 의무로 괴로움을 겪을 것이다.

따라서 죽음을 맞이하는 나의 의견을 미리 밝혀 놓으면, 이러한 무의미한 생명의 유지와 고통에서 자유로워지며 편안하게 삶을 마감할 수 있게 될 것이며 의료진과 가족도 무거운 부담에서 벗어날 수 있을 것이다.

사전의료의향서실천모임은 2012년 의료계, 법조계, 학계, 종교계, 사회단체 등 각계각층의 관계자가 두루 참여하여 설립된 단체로 품위있는 죽음을 위한 자기결정권의 실현 수단으로 사전의료의향서 쓰기 캠페인을 벌이고 있는 단체이다. 2009년 속칭 '세브란스 사건'에 대해 대법원이 '연명치료 중단을 위해서는 환자의 합리적인 치료중단 의사가 사전에 있어야 한다'고 판시한 것에 근거해 자기 자신의 치료여부에 관해 사전의료의향서

에 미리 의사를 밝혀둠으로써 무의미한 연명치료를 지양하고 품격있는 죽음을 맞이할
수 있도록 하기 위한 목적으로 활동하고 있다. 의향서 양식은 홈페이지에서 다운받을 수
있다.

〈사전의료의향서 실천모임 : http://sasilmo.net〉

사전의료의향서 작성은 만일에 있을지 모를 경우를 대비하여 내 몸에 대한 나의 결정권을 미리 행
사하는 것이다.

호스피스
떠나는 사람을 위한 마지막 배려

"아난다여, 나에게 물을 떠 다오. 나는 지쳤고 물을 마시고 싶다."

부처님께서 아난다에게 말씀하셨다.

"스승님이시여, 이 강은 얕고 조금 전에 많은 수레가 지나가서 물이 맑지 못합니다. 조금 더 가면 카쿠타강이 있으니 그곳의 물을 드시는 것이 좋겠습니다."

아난다가 부처님께 말했다.

"아난다여, 나에게 물을 떠 다오. 나는 지쳤고 물을 마시고 싶다."

부처님께서 다시 아난다에게 말씀하셨다. 그러나 아난다는 이번에도 같은 답을 되풀이 했다.

"아난다여, 나에게 물을 떠 다오. 나는 지쳤고 물을 마시고 싶다."

부처님께서 세 번째로 아난다에게 물을 부탁하자 아난다는 어쩔 수 없이 강으로 내려갔다. 그런데 이게 웬일인가? 강물은 맑아 있었고 아난다는 그 물을 떠서 부처님께 공양했다. 부처님께서 쿠시나가르의 사라쌍수에서 열반하기 얼마 전 중병의 몸을 이끌고 이동하는 도중에 있었다고 전해지는 일화이다.

나는 이 일화에서 소생할 가망 없이 의식을 잃고 침상에 누워 죽음을 기다리는 환자를 생각했다. 자신이 원하는 것을 말로도 행동으로도 표현할 수 없을 정도로 사경을 헤매거나 식물인간 상태로 오랜 시간 지내온 사람에게 맑은 물이나 흙탕물이나 무슨 차이가 있을까? 그 순간 부처님께서 진정 원한 것은 오직 갈증의 해소였을 것이다.

임종을 앞둔 말기환자의 입장에서 그 갈증이란 '인간다운 품위를 잃지 않는 죽음'이 아닐까. 무의미한 생존의 연장이 아니라 '행복하고도 아름다운 마지막'에 대한 소망이 아닐까. 부처님께서 아난다에게 떠 달라고 한 물 또한 '그저 품격있는 죽음을 위해 고통만을 줄여 줄 수 없겠느냐'는 소박한 요청이 아니었을까.

인간의 존엄성은 죽는 순간까지 지켜야 하는 마지막 가치이다. 임종을 앞둔 환자도 마찬가지이다. 환자는 마지막 숨을 멈출 때까지 인간으로서 최소한의 품위를 잃지 않고 고통없이 남은 생을 보내야 한다. 그리고 사랑하는 사람을 떠나보내고 남은 가족들에게도 정신적인 위로와 버팀목이 필요하다. 이처럼 환자와 가족이 죽음으로 인해 겪는 정신적, 신체적 고통을 잘 극복할 수 있도록 총체적으로 돕는 활동을 호스피스 케어 또는 호스피스완화의료라 한다.

호스피스(hospice)란 원래 중세시대 유럽에서 오랜 여행 중에 지치거나 건강이 나빠진 여행자들에게 휴식과 필요한 간호를 제공하는 대피소 또는 휴식처를 의미하는 단어였다. 그러던 것이 1967년 영국 런던 교외에 처음으로 죽어가는 환자들을 위한 시설이 문을 연 이래 오늘날과 같은 임종간호(호스피스)란 전문용어가 되었다.

미국에서는 1968년부터 호스피스 가정간호가 시작되었으며 1976년에 호스피스 봉사자 프로그램의 출발과 함께 미국호스피스협회가 결성되었고 1981년에는 호스피스 법안이 통과되어 호스피스 케어에 대한 보험급여가 실시되었다.

우리나라에서도 회복가망성이 없는 환자를 위한 호스피스에 대한 필요성이 일찍부터 인정되어 왔지만 만만치 않은 비용 때문에 호스피스 케어는 일부 부유층의 전유물로 여겨져 왔다.

그러다 2015년 7월부터 호스피스완화의료에 대한 보험급여가 시작됨으로써 오랫동안 제기되어 오던 호스피스 케어에 대한 공적지원이 시행되었지만 시행효과가 극히 미미한 수준이었다. 보험급여 대상을 말기 암환자로 제한한 데다가 호스피스 병상부족으로 (2016년 1월 기준 전국 66개 기관 1108개) 말기암 환자 10명 중 1명 정도만 이용이 가능했을 뿐이었다.

그런데 앞으로 사정이 달라지게 되었다. 2016년 1월 제정되어 2년후인 2018년부터 시행되는 '호스피스 완화의료 및 임종과정에 있는 환자의 연명의료 결정에 관한 법'으로 우리나라도 호스피스 케어가 본격적으로 실시

하늘정원에서 어르신을 보살피는 대학생 자원봉사자들. 누구나 살아가면서 다른 이에게 도움을 주기도 하고 받기도 한다.

될 예정이기 때문이다. 이 법에서는 호스피스완화의료 대상에 기존의 말기 암환자 외에 후천성면역결핍증(AIDS), 만성폐쇄성 호흡기질환, 만성간경화, 등 비암성 질환환자가 추가되어 호스피스 서비스를 받을 수 있는 환자가 대폭 늘어나게 되었다.

또한 호스피스의 형태로 입원형(전용병동)과 자문형(일반병동), 가정형(가정)으로 3가지 종류 전문기관을 지정해 서비스를 받게 했다. 입원형 호스피스는 병원 내 일부 병동 및 병실을 이용하는 것이며, 자문형(산재형) 호스피스는 호스피스 병동이 따로 설치되어 있지 않아 환자들이 다른 환자와 섞여 입원해 있으면서 봉사를 받는 형태다. 가정 호스피스는 환자 가정에 전문 봉사자와 의료진이 방문해 돌보는 것을 말한다.

2014년 우리나라에서 암으로 사망한 7만6611명 가운데 90%가 병원에

인간의 존엄성은 죽는 순간까지 지켜야 하는 마지막 가치다. 호스피스는 환자가 마지막까지 품격 있는 삶을 살 수 있게 도와주는 총체적 활동이다.

서 죽음을 맞이했다. 대부분의 환자들이 집에서 평안한 죽음을 맞이하고 싶지만 여건이 안 되는 탓이었다. 그러나 가정 호스피스의 도입과 대상자의 확대로 이제 임종을 앞둔 노인들이 평생 살아온 집에서 식구들과 함께 생활하며 조용하게 생을 마감할 수 있는 길이 열리게 됐다.

호스피스 케어는 질병의 치료 그 자체가 목적이 아니다. 통상 임종직전이 아니라 임종을 6개월 정도 앞둔 때부터 실시되는 호스피스 케어는 시쳇말로 '목숨을 연장하기 위해 고통스럽고 무의미한 치료를 받으며 죽을 날만 기다리는 것이 아니라 하루를 살다 가도 제대로 살다가게 하는' 것이다. 호스피스 케어의 내용을 정리해 보면 대략 다음과 같다.

1. 말기 환자와 임종을 앞둔 환자와 그 가족을 돌보고 지지한다. 이를

위해 종교적, 영적 도움을 줄 수도 있다.

2. 그들의 남은 생을 가능한 편안하게 하고 충만한 삶을 살도록 해 주기 위해 간호와 시중을 해주는 한편 사회사업 서비스를 제공한다.

3. 삶을 긍정적으로 받아들이며 죽음을 삶의 일부분으로 자연스럽게 받아들이도록 동반자 역할을 수행하여 어려움을 함께 하고 있다는 정신적 신뢰감을 준다.

4. 삶을 연장시키거나 단축시키지 않는 한도에서 진통제 등으로 환자의 고통을 덜어주고 각종 치료와 요법을 베푼다.

5. 환자와 그 가족의 요구에 부응하도록 가능한 모든 자원을 이용하여 신체적, 사회적, 심리적, 영적 욕구를 충족시켜 죽음을 준비하도록 돕는다.

나는 오래전부터 우리 병원에서 삶을 마감하는 어르신들을 보면서 우리 병원에서도 호스피스 케어를 제공하면 좋지 않을까하는 서원을 늘 가졌었 지만 여건상 불가능하여 늘 마음 한 구석에 무거운 돌 하나를 넣고 다닌 기분이었다. 하지만 요양병원도 호스피스 전문기관으로 지정받을 수 있 도록 제도가 바뀌고 사회적으로도 호스피스 병상이 절대적으로 부족한 만 큼 호스피스 병상 설치를 적극적으로 검토하고 있다. 호스피스 케어가 어 르신들의 극락왕생을 소원하는 관자재병원 자비정신의 또 다른 실천일 수 있다고 믿기 때문이다.

작별인사는
평생의 선물

요양병원의 일차적 목표가 심신상태의 개선을 통해 환자들이 다시 일상의 삶으로 돌아가 활동적이고 보람 있는 인생을 보낼 수 있도록 하는 것이지만, 건강을 더 이상 회복하지 못하고 병원에서 임종을 맞기도 한다.

우리 병원의 3병동에 있는 집중케어실은 신체상황이 회복하기 힘들 정도로 나빠진 환자들을 돌보는, 종합병원으로 치면 중환자실 쯤 되는 곳인데 나는 이 집중케어실 한쪽에 '화해의 방'이라고 불리는 작은 공간을 마련했다. 이곳에서는 종종 환자와 가족들이 마지막 이별의 정을 나누는 장면이 펼쳐진다.

"부모노릇 제대로 못하고 간다. 잘 살아야 한다.", "그때 그렇게 할 일

가슴에 담아두었던 말을 다하지 못하고 사랑하는 이를 보내면 일평생 지워지지 않는 상처를 안고
살아갈 수도 있다.

이 아니었는데 용서해줄래?", "먼저 가서 미안해요. 기다리고 있을게요.",
"저희들 걱정은 마시고 평안히 가세요.", "잘못했습니다. 용서해주세요.",
"낳아주고 길러주셔서 고맙습니다. 사랑합니다.", "잘 가세요. 그곳에서
꼭 다시 만나요." …

　이 세상 어느 누가 사랑하는 사람과 헤어지고 싶겠는가. 떠나는 이들이
나, 보내는 이들이나 이렇듯 애틋하게 작별을 고하는 가족들의 대화는 대
개가 눈물 반, 울음 반이다. 세상에 제 아무리 감정이 메마른 사람일지라
도 구구절절 애틋한 사연과 참회의 눈물들이 뒤섞인 이들의 대화를 조금
이라도 듣게 된다면 가슴이 먹먹하고 눈시울이 붉어질 것이다.

　오늘 할 일을 내일로 미루지 말라는 말이 있지만 죽음을 목전에 둔 사랑
하는 사람에게 평소에 못 다한 말을 하고 가슴 속 깊은 곳에서 우러나는

진심을 전하는 것이야말로 결코 미루어서는 안 될 일이란 것이 나의 소신이다.

우리는 서로 사랑하는 사람들끼리는 굳이 마음을 표현하지 않아도 서로 사랑하는 것을 잘 알고 있을 것이라고 생각하기 쉽다. 연인이나 부부, 부모와 자식 같은 관계라도 가끔은 힘든 경우가 있다. 갈등이 생기거나 심하게 다투어서 모진 말로 서로의 마음에 상처를 주고 몇 년씩 등을 돌리고 살 정도로 둘 사이가 벌어질 때라도 이러한 짐작은 계속된다. 그러면서 관계를 회복하는 노력을 뒤로 미루는 경향이 있다.

그런데 이러한 상태에서 한 사람이 갑자기 세상을 떠나버리면 남겨진 또 한 사람의 가슴에 영원히 풀리지 않는 멍이 생길 수 있다. '왜 생전에 더 잘하지 못했을까?', '그때 조금만 이해했더라면…'하고 후회하는 것이다. 그리고 이런 후회는 더러 깊은 상처로 가슴에 사무쳐 평생 안고 가는 한이 되기도 한다. 혹자는 연인으로 사귀다가 헤어졌거나 부부로 살다가 이혼한 경우는 다르지 않느냐고 반문하지만 천만의 말씀이다. 소식조차 모른 채 떨어져 살다가도 한 때 사랑하던 사람이 영원히 떠났다는 소식을 접했을 때도 회한은 사랑의 깊이와 비례해 찾아오기 마련이다.

이런 후회와 한탄은 의구심에서 비롯된다. 떠난 이가 자신이 그를 사랑한다는 사실을 알고 있었는지. 혹시 자신을 원망하면서 눈을 감은 것은 아닌지. 남은 사람은 도무지 확인할 방법이 없는 것이다. 하고 싶었던 말을 다 못하고 알고 싶었던 진심을 영원히 모른 채 살아가야 하는 삶이라니. 상상만 해도 끔찍하지 않은가? 묵은 앙금을 채 씻지 못한 채 떠나보내고 후회한들 무엇하랴. 이미 사랑하는 사람은 떠나고 없는 것을.

그러므로 사랑하는 사람들끼리는 기회가 있을 때마다 마음을 전하고 따뜻한 정을 나누어야 한다. 사랑하는 사이니까 얼마든지 그럴 수 있으니까 '나중에 기회가 생기면 하지'하는 생각은 바꿔야 한다. 미루는 시간만큼 사랑하는 사람의 마음에 지워지지 않는 상처를 남길 수 있다. 뿐만 아니라 그들에게 품은 원망과 거리감으로 인해, 친밀감을 회복하면 만끽할 자신의 행복마저도 상실할 수 있다.

부모자식처럼 애틋한 관계에서도 사랑, 감사, 용서, 작별의 말은 결코 때를 기다려서 할 말도, 벼르고 별러서 해야 할 말도 아니다. 아무리 사랑하는 사람이라도 때를 놓치기 전에 할 말은 해야 한다. 하물며 생의 마지막 고비를 앞둔 사람에게야 더 말할 나위가 없다.

나는 관자재병원의 '화해의 방'이 떠나는 이는 행복하고 홀가분하게 눈을 감을 수 있고, 보내는 이도 떠난 이가 남겨준 축복과 사랑의 마음을 소중한 선물로 평생 간직하는, 아름다운 이별의 공간이 될 수 있도록 더욱 세심한 배려와 정성을 쏟을 것이다.

참으로 소중한
가족의 인연

관자재 병원의 모토는 '또 하나의 소중한 가족'이다. 가족이 무엇인가? 칠천 겁의 인연이 쌓여서 이루어진다는 부부가 만든 혈연이라는 울타리 속에서, 부모는 자신들의 분신인 자식을 더없이 사랑할 수밖에 없고, 자식은 낳아주고 길러준 부모를 정성을 다해 공경할 수밖에 없는 운명적 관계, 나는 그것이 가족이라고 생각한다.

칠천 겁이라니. 천년에 한 방울씩 떨어지는 물방울이 집채만한 바위를 뚫는 겁이라는 시간이 칠천 번이나 반복하는 동안 맺어진 인연에서 비롯된 가족이니 그 무엇과 비교할 수 없을 정도로 참으로 소중하고도 소중할 따름이다.

그 소중한 가족의 인연을 나는 관자재병원이라는 또 하나의 울타리 안에서 맺고 싶었다. 부처님의 자비와 관자재보살의 자상함으로 어르신들의 불편한 구석구석을 살펴 어루만지고 싶은 서원에서 우리 병원의 모토 '또 하나의 소중한 가족'이 탄생했다. 관자재병원은 언젠가 내가 거동조차 힘들어 질 정도로 무력해져서 누군가의 도움이 절실할 때 쉬고 싶은 아늑한 집이며 직원들과 환자들은 함께 생활하는 가족이라는 마음가짐으로 병원을 운영해왔다.

나는 의사나 약사, 간호부 직원은 물론이고 행정직원, 물리치료사, 작업치료사, 운동치료사, 사회복지사, 영양사와 조리사, 미화원 등 관자재병원에 근무하는 한사람 한사람이 모두 나의 형제자매이자, 나의 분신이라 생각한다. 나와 함께 또 나를 대신해 내 부모같은 환자들을 보살피는 까닭이다.

요양병원에서 근무하기란 어지간한 인내심 없이는 하기 힘든 일이다. 세상의 모든 직업이 어느 정도는 적성을 타고나야 한다고 하지만 환자를 간호하는 일이야말로 타고난 천성과 사명감이 없으면 계속하기 힘든 직업이다. 환자의 대부분이 거동이 불편한 노인인 요양병원은 더욱 그렇다. 교대근무로 인한 불규칙한 생활, 종합병원의 응급실이나 중환자실에 버금가는 격무에다 혹시나 낙상사고가 일어나지 않을까 환자들에게 늘 신경을 곤두세우고 있어야 한다. 여기다 환자와 가족들의 불평불만까지도 일일이 다 들어주고 설명해야 하는 정신적 스트레스도 이만저만이 아니다.

나는 혹독한 근무환경 속에서도 언제나 미소를 머금은 채 환자들을 대하는 간호부 직원들을 대할 때마다 '사람의 마음마다 부처가 들어있다'는 말이 빈말이 아니었음을 새삼 깨달으며 경외심마저 가지게 된다. 그런 직원들이 너무 고마워 나는 이따금씩 내 나름의 방법으로 감사를 표한다.

사실 관자재병원 개원 초기 나는 여느 신생병원처럼 직원문제로 속앓이를 해야 했다. 모든 것이 제자리를 잡지 못해 병원운영 정상화가 목표였으니 근무조건이나 복지 같은 것에는 제대로 신경 쓸 겨를이 없을 때이기도 했다. 환자는 늘어만 가는데 직원들의 사직과 채용은 반복되니 애가 탈 노릇이었다.

나는 부침이 가장 심했던 간호직원의 채용과 관리를 간호과장에게 일임했다. 우리 병원에서 간호과 일을 가장 잘 알고 있는 책임자가 현장에서 함께 손발을 맞출 수 있는 사람을 뽑는 것이 가장 합리적이라고 여겼기 때

입원한 어르신들이 부모라면 병원직원들은 나에게 형제자매와 다름없이 소중하다. 힘든 근무환경에 묵묵히 최선을 다해준 이들과의 만남 또한 꽃 같은 인연이리라.

문이다. 간호과장은 지원자를 대하면 성격과 친화력, 예절, 마음가짐과 같은 인성을 먼저 파악하고 나서야 업무능력과 숙련도를 본다. 업무능력이 아무리 출중하더라도 대인관계에 문제가 생길 것 같은 사람은 애초에 선발대상에서 제외시킨다고 한다. 종합병원과 같은 급성기병원에서야 치료가 최우선 목표이므로 직원의 업무능력이 가장 중요하겠지만, 치료와 돌봄을 병행해야 할 요양병원에서 인내심이 없고 불친절한 직원은 스스로 버텨내지 못한다는 것을 잘 알고 있어서이다.

나는 그렇게 나와 인연을 맺은 직원들의 사진을 휴대폰에 저장했다. 그리고 시간 날 때마다 수시로 열어보며 그들의 이름과 얼굴을 기억하고 노력했다. 그리고 매일 아침 마주치는 직원 한사람 한사람의 이름을 일일이 부르면서 내가 먼저 출근인사를 건넸다. 최종면접이나 첫 출근 때 대화를 통해 그들의 개인사를 하나하나 메모하고 기억해 두었다가 근황을 물어본다. 행여나 그들에게 말 못한 문제가 있는지, 내가 도울 일이 없는지를 체크했다. 가불이 필요하다고 하는 직원에게는 '내가 꿔줄테니 월급타면 갚으라'며 그 직원의 자존심이 구겨지지 않도록 배려하고자 했다.

병원개원 후 해마다 명절 연휴에는 아들, 딸과 함께 새벽부터 병원에 나와 경비부터, 관리, 원무행정 일체의 병원업무를 직접 했다. 입원환자를 돌보기 위해 별도로 정해진 휴일도 없이 교대로 24시간을 병원일에 매달려야 하는 직원들이 일 년에 두 번, 설과 추석 명절만이라도 가족과 함께 제사도 지내며 마음 편히 쉬도록 하고 싶었다.

이러한 나의 진심이 통해서였는지 처음에는 나와 데면데면하던 직원들이 나중에는 자신들이 먼저 다가와 웃으며 인사와 농담을 하고 갈 정도로 마음의 빗장을 풀게 되었고 개원 2년이 지나면서는 직원들의 이직률은 현저히 떨어지더니 지금은 이동이 거의 없다.

이 세상을 혼자 살아갈 수 없듯이 좋은 병원이 되는 것도 병원만의 노력으로는 될 수 없다. 사람은 살아가면서 알든 모르든 누군가에게 도움을 받기도 하고 또 누군가에게는 의지가 되기도 한다.

관자재병원의 오늘이 있게 한 데는 자신이 가진 재능을 기부하여 어르신들에게 적적한 병원생활의 외로움을 달래주고 삶의 기쁨을 느끼게 해주시는 많은 자원봉사자 여러분의 노고를 빼놓을 수 없다.

"무조건 짧게만 잘라서 되나요? 병원에서만 생활한다고 해서 어르신들의 감각과 취향마저 무뎌지진 않는다고 생각해요. 어르신들의 개성에 맞춰야죠."

한 달에 한번 우리 병원을 찾아 미용봉사를 하시는 분의 말씀이다. 시간이 허락하는 한, 좀 더 보기 좋고 단정하게 입원환자들의 두발을 다듬느라 쏟는 그 정성어린 손길에서 나는 관자재보살의 자비행을 본다. 이 분뿐만 아니라 고달픈 삶의 현장을 잠시 접어두고 동화구연, 음악과 무용공연. 시조경창, 노래강의, 웃음강의, 맛사지 등의 봉사활동으로 입원환자들을 위로하는 모든 분들이 나에게는 때와 장소에 따라 모습을 바꾸어가며 헌신하시어 우리들의 아픔을 어루만지시는 관자재보살로 보인다. 나눔과 봉사, 그것이 곧 자비의 실천이자 보시이며 이 세상에서 공덕을 쌓는 일이라 믿는 까닭이다.

공간과 여가에 제한이 있을 수밖에 없는 병원생활에서 이분들의 봉사활동은 입원환자들에게는 그 무엇과 비교할 수 없는 청량제이자 어떨 때는

매달 한 번씩 병원을 찾아 공연을 해 주고 있는 장진 가수공연팀.

이필래 색소폰 연주자는 매월 열리는 어르신들의 생신잔치에 연주를 해주고 있다.

김정석님 외 10여명의 연주자들은 주기적으로 시조경창공연을 펼친다.

금정노인복지관 오카리나 공연팀(회장 손일호)의 공연 장면.

금정노인복지관 댄스동아리 이구동성 공연팀이 병동로비에서 재능기부를 하고 있다.

아현무용단(단장 손정숙)은 두 달에 한번씩 전통무용공연으로 흥을 돋운다.

김미숙, 박순호 강사님은 한 달에 한 번씩 어르신들에게 웃음치료수업을 진행한다.

박종숙 강사님은 한 달에 두 번씩 병원을 찾아 레크레이션과 체조로 병원에 활력을 주고 있다.

매달 한 두번씩 찾아와 이미용봉사를 해주시는 정석점, 서이규, 민의규님.

금정미용협회(회장 정두심, 금정지부장 김지영) 회원들의 미용봉사 모습.

반야회택시불자봉사단(명예회장 손경수, 회장 김성진) 회원들은 분기별로 병원청소를 하고 한달에 2회 목욕봉사를 하고 있다.

이밖에도 적십자 목욕봉사단(회장 박수자) 회원들은 보름에 한 번씩 병원을 방문해 목욕봉사를 하는 등 많은 분들이 관자재병 원에서 보시를 실천하고 있습니다. 모든분들께 지면을 빌어 감 사의 말씀을 전합니다.

주사나 약보다 더 효과 높은 치료제 역할을 하기도 한다.

섹소폰, 오카리나와 같은 서양악기와 해금, 단소, 장구와 같은 우리전통악기를 비롯해 대중가요나 시조창과 같은 음악공연과 현대 및 전통무용공연은 폐쇄된 공간에서 알게 모르게 받았던 스트레스와 긴장감을 해소시킨다. 낱말맞추기, 글자색깔맞추기, 두뇌개발 체조, 볼링놀이 같은 놀이는 뇌활동을 강화시키고 집중력을 향상시켜 인지력 및 기억력 향상과 치매예방에 효과가 있다. 이러한 활동은 입원환자에게 통해 공통적으로 무력감과 소외감을 극복하는 한편 자아존중감이 향상되어 긍정적인 사고방식을 갖는데 도움을 준다.

관자재병원에서는 생일을 맞는 어르신들에게 달마다 병동별로 합동생일잔치를 열어 축하해드림으로써 가족이 없거나 왕래가 뜸한 어르신들이 혹시나 받을 수 있는 상처를 예방하고 병원식구와 가족처럼 친밀한 정을 느낄 수 있도록 하고 있다. 아울러 매주 목요일 오후 규칙적으로 예불법회를 열어 입원환자의 정서적인 안정을 도모하고 있다.

가족의 정으로
초발심을 이어가고자

우리 병원에서 일하는 직원들이 형제자매라면 이곳에서 생활하는 환자 분들은 당연히 집안의 어른이고 이분들을 편안히 모시는 것이 우리 병원 의 사명이자 존재이유이다.

나는 고해의 바다인 사바세계에서 모진 풍파 다 겪으며 애지중지 자식 을 키우고 뒷바라지하며 살아오신 이분들은 다름 아닌 바로 내 부모님이 며 우리 병원을 찾은 그분들을 나와 직원들이 할 수 있는 최선을 다해 모 시겠다는 각오로 병원을 운영하고 있다. 관자재병원은 내 친어머니가 가 여운 몸을 뉘이고 쉬시다 떠난 곳이며 나 또한 언젠가는 어머니처럼 지친 육신을 의탁하게 될 곳이다. 그러기에 병원의 시설과 운영 하나하나에 세

질병을 치료하는 병원에서 인명사고가 발생하는 것처럼 비극적인 일이 없기에 안전시설에 만전을 다하고 있다. 각층마다 부착된 피난안내도와 피난구출입문에 설치된 자동개폐장치.

심한 정성을 기울이지 않을 수 없었다.

건축업이 내 전직인 탓도 있지만 병원건물의 안전시설만큼 완벽에 가깝도록 노력을 기울였다. 사람을 치료하는 병원에서 인명을 위협하는 안전문제가 발생한다는 것은 있을 수 없다는 고집에서였다. 앞에서도 언급했던 입원환자의 미끄럼과 전도방지를 위한 복도, 계단, 병실, 화장실의 각종 시설뿐만 아니라 치매환자의 실종을 방지하기 위한 엘리베이트 개폐카드시스템과, 비상계단에 화재에 대비한 특수번호잠금장치로 혹시나 일어날지 모를 만약의 사태에 대비했다.

몇 년 전 많은 사상자를 내었던 요양병원 화재사건을 계기로 전국 요양병원 긴급소방점검이 있었을 때였다. 스프링클러와 화재감지기, 비상대피시스템 등을 점검하한 소방서 직원으로부터 과분한 칭찬을 받았을 때는 어깨가 으쓱할 정도로 자부심도 느꼈다.

나는 병원설립을 계획할 때부터 병원을 미술전시관처럼 꾸미고 싶었다. 그래서 복도나 응접실, 병실의 벽마다 공간이 허락되기만 하면 사진과 그림을 걸어놓았다. 단조롭고 따분한 병원생활에 지친 환자들에게 활력소를 주고 싶었다. 인지능력이 급속하게 무뎌지는 노인환자들이 벽에 걸린 그림이나 사진을 보면서 기억을 더듬거나 상상을 하게 함으로써 두뇌활동에 자극을 주는 것은 물론이고 시각적 인지능력의 퇴화도 늦출 수 있는 효과를 덤으로 얻고자 했다.

작품의 일부는 경성대학교 미술대학교 학생들의 것이고 일부는 관자재 병원과 결연을 맺은 부산미술협회에서 기부한 초중고 학생들의 그림이다. 지면을 빌어 경성대학교 학생들과 교수님, 교직원 여러분과 부산미협 이사장님, 사무국장님께 감사의 인사를 올린다.

그림과 함께 걸린 사진은 대체로 어르신들에 익숙한 초가집이나, 논밭, 들과 같은 시골풍경을 담은 평범한 것들인데 이 가운데 한눈에도 눈길을 확 끄는 작품들이 간간이 섞여 있다. 군계일학 같은 이 사진들은 유명사진작가인 최부길씨의 작품으로, 부친께서 우리 병원에서 생활하시다 타계한 인연으로 최 작가가 기증한 것이다.

그런데 병원을 개원하고 얼마 지나지 않아 집중케어실을 돌아보다가 나는 문득 내가 '저분들처럼 의식이 오락가락하는 상태에서 누워있게 된다면'하는 생각이 들어 직접 침대에 누워 보았다. 그리고 우리 병원이 얼마나 환자중심이 아니라 운영자 중심의 병원이었는지를 그때 깨달았다. 침대에 똑바로 누운 채로는 환자를 위해 애써 준비한 그림과 사진은 전혀 볼

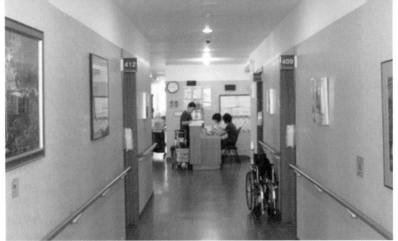

생활의 활력소가 되고 미술치료효과도 덤으로 얻고자 각층 병동 복도를 미술관전시관처럼 꾸몄다.

기증받은 최부길 사진작가의 초가집 방문을 열어 놓고 자식을 기다리는 것만 같은 작품.

부산미술협회와의 재능기부 협약식. 오수연 이사장(오른쪽 두번째)과 김경남 사무국장(왼쪽 두번째)

수 없었고 대신 눈이 부시는 환한 조명등과 밋밋한 천정만 바라봐야한 했던 것이다.

직원들과 함께 머리를 맞대고 며칠을 고민하다 해결책을 찾았다. 눈부신 조명등을 간접조명으로 바꾸고 벽에 걸린 그림과 사진을 천정에서 바닥을 향하도록 부착했다. 유리와 액자를 없애고 속에 든 그림과 사진을 가벼운 스티로폼 보드에 붙였다. 이로 인해 조명이 반사되지 않아 환자가 침대에 누워서도 편하고 또렷히 볼 수 있었고 가벼운 스티로폼이야 떨어질 염려도 없고 행여 떨어진다 해도 종이처럼 가벼워 바로 아래에 있는 환자의 안전에도 아무런 지장을 주지 않을 것이란 점을 감안했다.

이 조치 이후 나는 뜻밖에도 환자의 가족들로부터 감사의 인사를 받았다. 초점 없이 멍하니 있던 환자의 눈동자가 달라지고 동공이 움직인다는 것이다. 눈물을 글썽이며 고마움을 표하는 그들을 보면서 한편으로는 미안하고 또 한편으로는 뿌듯했다. 지금은 집중케어실의 침대를 1주일마다 한 번씩 이동배치하여 환자들에게 새로운 자극을 주고 있다.

이 일은 환자를 위한 최상의 환경을 만들기 위해 만전을 기했다고 자만했던 자신이 부끄럽게 만들었다. 또한 나에게 배려의 시작은 역지사지易地思之하는 마음자세에 있고 그것을 몸소 경험하면 보이지 않던 것도 보인다는 평범한 진리를 깨닫고 실천하게 했다.

한 가족의 가장으로서 집안의 어른들에게 아침저녁으로 문안을 여쭙는 것은 너무도 당연한 일이다. 그러기에 나는 시간 날 때마다 병실을 돌며 환자 한분 한분의 상태를 파악하고 아픈 곳은 없는지, 불편한 점은 없는지 일일이 물어본다. 나는 나아가 환자의 가족이 누구인지 이름까지 상세하

옥상정원 한 귀퉁이 햇볕 잘 드는 곳에 마련된 장독대. 내 부모 같은 어르신들께 정성을 다한 식사를 드리고자 청정지역에서 가져온 원재료로 직접 장을 담그고 있다.

게 기억해 둔다. 그러다 그들이 병원을 방문하면 그들의 가족사에 관심을 표명하고 환자를 둘러싼 여러 가지 문제와 관심사를 화두로 허심탄회하게 대화를 나누길 좋아한다. 각 병동의 담당 간호사들은 환자의 보호자가 언제 어느 때 찾아왔고 불편불만, 요구사항은 무엇인지 등 사소한 내용하나까지 기록한다. 나는 그 기록을 매번 점검하고 있기에 환자와 관련된 거의 모든 상황을 파악하고 있지만, 환자와 가족에게 직접 듣게 되면 그 모든 사항들이 명료해지고 입체화되면서 가슴에 와 닿기 때문이다. 그리고 나서 병원에서 개선해야 할 문제들의 해결책을 찾는 것이다.

　나는 병원건립때부터 주방의 위치선정에 신중을 기했다. 요양병원은 치료와 생활을 겸하는 곳이며 '잘 먹는 것이 보약'이라고 주사보다는 먹는 것이 우선이라는 생각에서였다. 그래서 우리병원의 가장 경치 좋고 채광이

맛있는 음식만큼이나 위생도 중요하다. 개원 이래 단 한 번의 식중독 사고가 발생하지 않았을 정도로 조리실은 늘 청결하게 유지했다.

잘되고 자연환기가 거의 완벽하게 이루어지는 최고의 장소, 하늘정원과 맞붙은 곳에 최상의 시설을 갖춘 40여평의 정갈하고 쾌적한 주방이 자리하게 되었다. 이곳에서 최신의 위생조리기구를 이용해 정성을 다한 식사를 환자에게 제공하고 있다.

내 부모 같은 분들이기에 먹는 것 하나라도 허투루 할 수 없다. 우리 병원은 매일매일 새벽 농수산물시장에서 직접 구입한 싱싱한 국내산 식자재로 그날그날의 음식을 준비한다. 종종 상추, 배추, 고추, 감자 같은 옥상정원에서 기른 작물이 재료가 되기도 한다. 어떠한 경우라도 인공조미료(MSG)는 넣지 않으며 완성된 반찬을 구매해 내어 놓지 않고 모든 반찬은 직접 조리한다. 장류조차도 직접 담궈 사용한다. 내 고향 의령은 아직 오염이 되지 않은 청정지역이다. 그곳에서 자란 콩을 구매해 메주를 빚고 매년 초 옥상에 마련된 장독에다 직접 장담그기를 한다. 김치도 일주일마다 직접 담아 식탁에 올린다.

최근에는 일선 병원들이 경비부담과 운영의 번거로움을 이유로 직영식당을 폐지하고 위탁운영으로 전환하는 경우가 늘고 있지만 나는 결코 그럴 생각이 없다. 세상에 어느 자식이 정성껏 직접 지은 식사를 부모에게 공양하고 싶지, 남의 손으로 만든 음식을 바치고 싶어하겠는가? 손익과 편리함을 따지면 한 가족이라고 할 수 없다.

가끔 환자를 찾아 온 가족에게 식사시간이면 직원식당에서 함께 식사하기를 권하고 그 음식들이 그대로 환자가 드시는 것이라고 말해주면 우리 식구들의 정성에 감사를 보낼지언정 불만의 목소리를 들어본 적은 아직 없다.

'예쁜 모습은 눈에 남고 멋진 말은 귀에 남지만 따뜻한 베풂은 가슴에 남는다'고 했다. 관자재병원은 입원한 환자와 가족들에게 가슴에 남는 따뜻한 가족의 정을 베푸는 병원이 되기 위해 앞으로도 부단한 노력을 경주할 것이다.

백두산 기슭에 흐드러지게 핀 야생화에서 세상 모든 생명과 인연의 소중함을 깨닫게 된 이래, 나는 내 나름대로 자비행의 실천이라고 생각하며 요양병원을 설립하고 운영해왔다. 병원을 찾는 환자들을 내 어버이처럼 성심을 다해 보살피며 가족의 정으로 초발심을 이어가고자 노력했다.

관자재병원을 입원했던 어르신들 중에 어떤 분은 건강상태가 호전되어 집으로 돌아가신 분들도 있고, 입원과 퇴원을 반복하시는 분이 계신가 하면, 또 어떤 분은 결국 심신쇠약이나 병마를 이겨 내지 못하고 병원에서 눈을 감은 어르신들도 있다.

병과 고통, 삶과 죽음, 희망과 절망이 교차하며 공존하는 요양병원에서 그런 어르신들을 보면서 나는 그동안 백두산 야생화가 처음 내게 주었던 화두와 깨달음이 결코 전부가 아니었음을 몸소 체험하고 있다. 그리고 그 체험은 내게 더 많은 화두를 던지며 나로 하여금 또 다른 자비행을 꿈꾸게 한다.

제 4 장

내 집 같은 병원

꽃같은 인연

중국 당나라 시절, 불교에 깊이 심취했던 양보楊補는 불법에 능통한 무제보살無際菩薩이 사천에 와 계신다는 말을 듣고 친견을 하려고 어머니의 만류를 뿌리치고 집을 떠났다. 집을 떠난지 며칠이 되었을 때, 신선처럼 생긴 한 노인이 나타나 말을 걸어 왔다.

"젊은이는 어디를 그리 부지런히 가시오?"

"무제보살을 친견하고 스승으로 모시고자 찾아가는 길입니다."

"그런가? 그런데 부처가 되고 싶으면 보살보다는 부처를 만나는 것이 더 좋지 않을까 싶네만…"

"그렇다면 부처님이 계시는 곳을 일러 주실 수 있겠습니까?"

양보가 물었다.

"지금 빨리 집으로 가보시오. 이불을 두르고 신발을 거꾸로 신은 채 그대를 맞이하는 분이 있을 것이요. 그분이 바로 부처님이라오."

노인이 보통 분이 아님을 느낀 양보는 발길을 돌려 부지런히 집으로 향했고, 집에 도착했을 때는 깜깜한 한밤중이었다. 양보는 사립문을 들어서며 소리쳤다.

"어머니! 소자가 돌아왔습니다."

그때 이불을 두른 채, 신발도 거꾸로 신은 채 뛰어 나와 반갑게 뛰어나와 문을 열어주는 분은 다름 아닌 어머니였다. 그래서 양보는 '부처님은 집안에 있다佛在家中'고 탄식하며 깨달았다.

내집처럼
편안하게

요양병원은 시설면에서 일반병원과 달라야 한다는 것이 나의 생각이다. 일반병원은 흔히 급성기질환이라고 하는 병의 치료를 위해 수술도 하고 입원을 하지만 그 기간이 요양병원에 비하면 상대적으로 짧다. 그러다 보니 병원의 구조나 시설이 환자가 앓고 있는 병의 치료에 적합하도록 되어 있다. 응급실, 수술실, 진료실 등 치료공간이 기능적으로 배치되어 있고 회복을 위한 입원실 역시 환자의 정서나 보호자에 대한 배려보다는 치료편의를 위주로 설계되어 있다.

이에 비해 요양병원은 회복을 위해 찾는 곳이다. 물론 일반치료와 재활치료가 병행되면서 만성기질환을 가진 환자들이 장기간 생활을 해야 하는 곳이지만, 대부분의 환자가 거동이 불편한 노인들이어서 요양병원은 어쩌면 생의 마지막을 보내야 하는 곳이 될 수도 있다.

그러기에 나는 병원에 입원한 환자들이 자기 집에서 사는 것처럼 편안하게 지낼 수 있는 '내 집 같은 병원'을 짓고 싶었다. 으리으리한 궁궐이든 누추한 움막이든, 누구에게나 자신이 살던 집이야말로 세상에서 최고로 안락한 공간이라는 것에 이의를 제기할 사람은 아마 없을 것이기 때문이다.

어떤 이는 사람마다 생활패턴이 다른데 환자 모두가 '내 집처럼' 편안하게 지낼 수 있는 병원이 과연 가능하겠느냐고 반문할 지도 모르겠다. 맞는 말이다. 수면습관도 다르고 입맛도 다르며 취향도 각양각색인 환자들 모두가 100% 자기 집처럼 만족하며 지낼 수 있는 그런 병원이란, 현실에서는 도저히 있을 수 없는 꿈같은 이야기일 수도 있다. 하지만 그렇다고 해서 그런 병원을 만들어보겠다는 의지와 이상마저도 가질 수 없는 것은 아닐 것이다.

그 당시 나에게는 치매와 노환으로 시골집에서 누워 계시는 어머니가 계셨다. 나는 그런 내 어머니를 모셔올 집 한 채를 짓겠다는 일념으로 병원을 설계했다. 병원을 찾는 환자 모두가 아니라면 최소한 내 어머니만이라도 집에서처럼 지내는 것처럼 편안하게 지낼 수 있게 하고 싶었다.

'어떻게 하면 어머니를 고향집에서 지내실 때처럼 편안하게 모실 수 있을까?' 100여곳에 이르는 국내·외 병원을 다니면서 보고 듣고 느끼고 나름대로 연구한 결과를 토대로 병원설계에 들어가면서 나의 모든 것은 이 화두에 집중되었다. 남향으로 집을 지어 종일 햇볕이 잘 들게 하는 것은

남산동병원의 어르신 생일잔치. 4,5층에 동시에 100여명이 함께 할 수 있는 편안하고 넉넉한 공간을 마련했다.

기본중의 기본이었고 수려한 풍광이 둘러쳐진 휴양지는 아닐지라도 손만 내밀면 늘 자연과 접할 수 있는 주변환경을 만들고자 했다.

　병원부지를 확정짓는 단계에서 주변에서 지인들이 부지의 부적합성을 걱정해 왔다. 부지의 경사가 급한 것이 이유였다. 게다가 지층이 암반이어서 기초공사가 어려워 공사기간도 길어지고 비용이 많이 들 것은 불을 보듯 환한 이치라는 것이었다.

　하지만 내 생각은 달랐다. 지반을 평탄하게 깎아 기초공사를 하는 일반적인 건축방식으로는 지인들의 우려가 타당했다. 하지만 나는 애초부터 건물의 기초공사를 계단식으로 할 요량이었다. 건물기반을 경사진 부지에 맞춘다면, 모두의 우려처럼 그렇게 난공사가 될 리가 만무했다. 다만 이럴 경우 병원의 연면적이 좁아지고 병실공간을 더 많이 확보할 수 없음으로

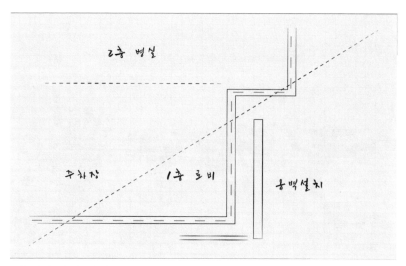

꿈을 이루는데 난관이 없다면 그 꿈은 소중함 또한 훨씬 덜 것이다. 나는 계단식 기초공사로 병원 부지의 경사를 극복해냈다.

해서 차후 병원의 수익에 영향을 미칠 수 있었으나 건물의 일부가 지하로 들어가게 되어 채광은 물론이거니와 겉으로 보기에도 답답함을 주는 것보단 나으리라는 판단에서였다. 물론 이러한 판단에는 '자식이 어머니를 위해 집을 짓는데 늘어나는 건축비용나 줄어 들 병원수익률은 문제가 될 수 없다'는 나의 결심이 밑바닥에 깔려 있었다.

그러다보니 지상 8층, 지하 2층 건물이라고는 하지만 실제 땅 밑으로 들어간 부분은 거의 없게 되었다. 지하 1,2층에 설치된 주차장이 모두 진입로에서 경사로를 거치지 않고 바로 출입할 수 있는 것도 그런 연유에서이다.

처음 부지를 매입할 단계에서부터 살폈지만 나는 요양병원만큼은 도심에 있더라도 맑은 공기와 소음없는 환경, 우거진 녹음을 느낄 수 있도록

천신만고 끝에 찾아낸 남산동 병원 부지의 처음 모습. 소망산자락을 끝에 자리해 자연을 가까이 할 수 있었고 도시의 소음과도 어느 정도 격리되어 있어 마음에 쏙 들었다.

가급적이면 자연과 가까운 곳에 위치해야 한다고 믿는다. '사람의 육신이 흙에서 와서 흙으로 간다'는 말은 결국 '사람은 자연의 일부이며 자연의 품에서 생활할 때 건강한 삶을 누릴 수 있다'는 뜻의 다른 표현일 것이다. 특히나 허약한 노인들이나 심신이 쇠약해 요양병원에서 재활치료를 받아야 할 환자들에게는 더더욱 그러할 것이다.

하지만 도시에서 그런 환경을 찾는 것은 현실적으로 쉽지 않다. 요양병원이 온갖 소음과 오염된 공기로 찌든 도심 속에 위치한 것도 문제지만 도시와 너무 동떨어져 있어도 문제다. 도심과 멀리 떨어진 전원지역에 별장 같은 요양병원을 짓는다면 주변 환경은 더없이 좋을 것이다. 병원건립에 드는 비용도 도시에 비해 병원건립에 상대적으로 적게 들 것은 불을 보듯 환하다.

그러나 이 경우 당장 걱정되는 것은 입원환자의 유치다. 요양병원이 희소하던 때는 모르겠지만 지금처럼 요양병원이 우후죽순으로 들어서 환자 유치에 치열한 경쟁을 벌여야 하는 때에 접근성이 떨어지는 곳으로 입원하고자 하는 환자와 먼 곳까지 와서 환자 뒷바라지를 하려는 보호자들이 과연 얼마나 있을까. 환자들을 보살펴야 할 병원직원도 마찬가지다. 집에서 멀리 떨어진 도시외곽지역의 직장으로의 출퇴근을 원하는 의료진과 병원직원이 과연 몇이나 될까.

나 역시도 요양병원의 이상과 현실 사이에서 수없이 고민하다 천신만고 끝에 지금의 병원자리를 잡았지만 내가 꿈꾸던 자연친화적인 환경에 딱 들어맞는 것은 아니었다. 부산시민의 식수원인 회동수원지와 베네스트 골프장 서쪽 소망산 끝자락에 맞닿기 했지만 남쪽으로는 아파트에 서쪽과 북쪽으로는 연립주택에 포위되어 있었다.

어떻게 하면 좀더 자연과 가까워질 수 있을까? 어떻게 하면 내 부모 같은 환자들에게 그 옛날 자연과 더불어 살던 고향의 정취를 만분의 일이라도 느끼게 할 수 있을까? 그런 형편에서 내가 생각해낸 아이디어 중 하나가 바로 우리 관자재병원의 명물 구름다리와 이어진 야외동산이었다.

내가 산지 쪽 병원부지의 절반을 그대로 둔 채 도로 쪽 절반에만 병원을 지은 것은 그런 연유에서다. 애초부터 병원건물의 동쪽 끝과 맞닿은 소망산 산자락 500평을 입원환자를 위한 자연치유 공간으로 만들 작정이었던 것이다. 원래 자라던 나무들은 그대로 두고 아무렇게나 자란 잡목만 제거하고 바닥을 다졌다. 부지 둘레에 마사토를 깔고 산책로를 만들었다. 안전 손잡이를 설치해 몸이 불편한 환자들이 잡고 이동할 수 있도록 했다. 산책

숲의 치료효과를 활용하기 위한 자연 그래로의 야외동산은 입원환자와 방문가족들이 즐겨 찾는
관자재병원의 명소이다.

야외동산과 병원을 이어주는 구름다리.

중에 쉬거나 산책을 하실 만큼의 여력이 안 되는 환자들을 위해서는 평탄한 곳을 골라 10여명은 앉아서 쉴 만큼 널찍한 나무평상을 놓았다.

그리고 이 야외동산과 병원 5층을 구름다리로 연결하니 바야흐로 자연 그대로의 동산이 탄생하게 되었다.

이 야외동산은 오랜 입원생활에 지친 어르신들이 한 번씩 답답한 실내를 벗어나 삼림욕도 즐기고 풀꽃들의 향내와 흙 내음, 새들의 지저귐을 실컷 맡고 들음으로써 육체의 건강회복은 물론이고 정서적으로 안정을 얻는 관자재병원의 자연치유명소가 되었다.

고향집의 정겨움을
그대로

나는 내가 지은 병원에 계신 어르신들께 그분들이 자라고 생활하셨던 고향집 대청마루를 느끼게 하고 싶었다. 메주와 시래기가 주렁주렁 매달린 대청마루에서 할아버지, 할머니부터 아들, 딸, 손자, 손녀까지 온 가족이 둘러앉아 밥을 먹으며 정을 나누던 그 대청마루를 깔고 싶었다.

처음 병원을 구상할 때 고려한 것이 대청마루가 있는 우리네 전통가옥의 구조였다. 지금은 시골에서도 점점 자취를 감추고 있지만 우리네 전통가옥은 대청마루가 중심이었다. 대청을 사이에 두고 어른들이 기거하는 안방과 가족이 생활하는 건넌방이 마주하는 중간, 두 방의 출입문과 접한 대청마루의 용도는 참으로 다양했다. 무엇보다 대청에 서 있으면 집안의

시골집 대청마루는 예로부터 우리 생활의 중심이었다. 점점 사라져만 가는 그 대청마루의 아련한 향수와 편안함을 어르신들에게 조금이라도 드리고 싶어 각층마다 넓은 공간을 마련했다.

모든 사정을 한 눈에 알 수 있다. 대문을 통해 드나드는 사람은 물론이고 마당에서 하고 있는 일도 살필 수 있다. 사극에서 뒷짐을 지고 대청에 우뚝 서서 하인을 호령하는 대감(마님)을 연상하면 될 듯하다.

대청에서 집안의 여러 가지 행사를 치르기도 했다. 대청이 넓은 경우에는 이곳에서 전통혼례를 올리고 제사를 지내기도 했다. 그리 넉넉하지 못해 사당을 별도로 마련하지 못한 양반집에서는 대청의 뒷벽 쪽으로 감실을 만들어 조상의 신주를 모셔두기도 했다.

시골에서 자란 내게 있어 고향의 추억은 이 고향집 대청마루와 어머니에서부터 시작된다. 어머니는 끼니때면 대청마루에서 나물같은 반찬거리를 다듬으셨고, 바느질을 비롯한 온갖 집안 대소사가 대청마루에서 이루어졌다. 여름이면 그렇게 일하시는 어머니의 무릎을 베고 시원한 바람을 맞으며 낮잠을 즐기던 그 어린 시절의 추억은 언제나 마음속 깊은 곳에 자리하고 있다.

어디 집안일뿐이던가? 동네 아주머니들이 각자의 일감을 가지고 와서 함께 일하면서 수다를 떨던 곳이자 근엄한 표정의 어른들이 문중과 마을 일을 진지하게 의논하던 곳이 바로 대청마루였다.

나의 대청마루 구상은 실행에 옮겨졌다. 나는 입원실이 있는 2,3,4,5층 중앙에 132㎡(40평) 규모의 넓직한 대청마루를 만들었다. 보통은 로비, 홀, 같은 이름으로 불리지만 나에게는 대청마루란 이름이 더 정겹다. 원래 의도했던 것처럼 대청을 중심으로 양쪽으로 입원실을 배치했다. 그리고 이 대청을 중심으로 양쪽에 쭉 늘어선 입원실을 한 눈에 볼 수 있는 곳에 간호데스크를 설치하여 근무중인 간호사들이 그 층에서 일어나는 모든 상황을 체크할 수 있도록 했다. 마치 대청마루에서 서서 집안의 모든 대소사를 관장하는 안방마님처럼.

각층에 마련된 대청도 각각 그 특색이 있다. 우선 2층 대청은 1층 로비와 함께 병원에서 가장 환하게 탁 트인 공간이다. 1층 로비천정을 2층까지 확장시킨 중정구조가 그대로 연결되어 2개 벽면이 커다란 유리창로 되어 있다. 벽면을 따라 푹신한 소파를 설치하여 환자와 보호자의 휴식 및 대화 공간으로 활용하게 했으며 2층에 있는 물리치료실의 효용을 보조하기 위해 작업치료공간을 마련하고 재활운동기구를 비치해 환자들이 틈만 나면 입원실을 나와 운동을 할 수 있도록 배려했다.

거동이 심히 불편하고 병세가 중한 환자들이 주로 입원해 있는 3층 대청은 환자와 가족들이 조용하게 쉴 수 있는 편안한 공간이 되도록 했다. 4층

관자재병원의 각층 병동 로비는 우리 전통가옥의 대청마루 개념을 도입했다. 4,5층 로비는 평소 입원환자와 보호자들의 휴식공간과 각종 행사와 공연이 열리는 장소로도 쓰인다.

과 5층의 대청은 휴게공간과 이벤트홀의 기능을 겸할 수 있도록 설계했다. 이곳에서는 입원중인 어르신들의 생신 및 명절 행사, 어버이날·노인의날 행사, 크리스마스 파티 등을 수시로 열려 장기간 입원생활에 지친 환자들에게 활력소를 주고 있다.

병마와 싸우는 환자들이 실내에서나마 자연을 접하며 위안을 얻을 수 있는 공간도 마련했다. 정성껏 가꾼 화초의 생명력을 통해 환자들이 실내에서 조금이나마 치유의 효과를 얻을 수 있었으면 하는 바람에서이다. 각 층의 대청과 접한 미니 화단이 그것이다. 아파트 베란다처럼 건물에서 남쪽으로 돌출해 있는 이 화단은 북쪽 벽을 제외한 3면이 커다란 유리로 둘러싸여 일년내내 햇살이 들이치는 온실이다. 동쪽과 남쪽 유리창 아래 기역자 모양의 화단을 만들어 흙을 채웠다.

각층마다 꾸며진 미니 화단에는 철마다 꽃이 피는 다양한 식물을 심어 입원환자들이 실내에서 자연을 만끽하는 것은 물론이고 원예치료의 효과도 얻을 수 있도록 했다.

여기에다 우울증의 치료에 좋다고 알려진 자스민, 빨간 열매가 앙증스러운 천냥금(자금우), 화학물질을 흡수한다는 아이비, 햇볕을 받을수록 화려하고 다양한 빛깔이 매력적인 크로톤, 푸른 잎들이 한 데 모여 한 송이 꽃같은 형상으로 자라는 다육식물, 보라색 꽃이 아름답게 피는 게발선인장, 죽은 듯 축늘어져 있다가도 물만 주면 언제 그랬냐는 듯 벌떡 일어서는 스파티필름, 돈이 들어온다는 이름 때문에 집집마다 한 그루씩은 꼭 키운다는 돈나무, 풍성한 줄기가 넝쿨처럼 뻗어나는 스킨답서스, 자라면서 끊임없이 꽃을 피우는 제라늄 등 다양한 식물을 심어 키운다. 여기다 봄, 여름, 가을, 겨울 계절마다 피는 꽃들을 심어 사시사철 꽃을 볼 수 있는 그야말로 온실화원으로 만들었다.

식물이나 식물을 통한 원예활동을 통해 사회적, 교육적, 심리적 혹은 신체적 적응력을 기르고 이로 말미암아 육체적 재활과 정신적 회복을 추구하는 활동을 '원예치료'라 한다. '원예치료'라는 개념 자체가 아직 일반인에게는 생소하지만 원예치료는 화단에 채소, 과일, 화초 등을 심어 잘 자라도록 온갖 정성을 기울여 가꾸는 동안 시각, 촉각, 후각, 청각에 자극을 받고 주의력 향상을 유도해 특히 치매를 앓고 있는 노인들에게 효과가 있는 것으로 알려지고 있다.

입원환자들은 어느 때라도 화단에 들러 자신이 좋아하는 화초를 돌볼 수 있는 것은 물론이고 벽쪽에 비치된 테이블과 의자에 앉아 건강한 생명력을 내뿜는 식물을 바라보면 생의 활력을 얻을 수 있다. 미니화단은 탁 트인 전망과 환한 햇살, 초록의 신선함이 가득한 곳이어서 종종 환자를 찾아 온 가족의 담소장소로도 사랑받고 있다.

입원환자들이 이러한 원예활동으로 생명이 자라나는 과정을 지켜보며 매일매일 똑같이 반복되는 병원생활의 지루함을 달래고 조그만 기쁨과 보람을 느낄 수만 있어도 미니 화단은 제 역할을 훌륭하게 하고 있는 것이리라.

텃밭과 휴식의 공간
옥상정원

병원의 각 층에 마련된 미니화단과 더불어 6층에 조성된 하늘정원은 입원노인들과 보호자, 병원 직원들을 포함한 우리 병원 식구들에게는 더 없이 소중한 휴식과 힐링의 공간이다.

녹지공간이 부족한 도심에서 빌딩이나 아파트 같은 건물 옥상을 활용해 휴식공간을 만들기 시작한 것은 그리 오래지 않은 일이다. 옥상에 화분을 두거나 나무를 식재하는 옥상녹화사업을 통해 건물의 단열성을 확보함으로써 냉 · 난방에 들어가는 에너지의 효율은 높이고 도시열섬현상을 완화시킬 수 있다. 또한 건물을 이용하는 사람들에게 쾌적한 장소를 제공한다는 점에서 옥상공원, 또는 공중공원이라 불리는 이 공간들은 점차로 확대되어 가는 추세이다.

벤치마킹을 위해 국내외 노인요양병원을 찾아다니면서 내가 유달리 관심을 기울인 것도 바로 이 옥상공간의 활용방안이었다.

시골에서 자라 흙의 소중함을 누구보다 잘 아는 나는 처음 병원에 텃밭을 만들고 어르신들이 직접 그 밭을 다니며 고추나, 상추, 깻잎, 들깨 등 각종 야채를 심고 키우게 하고 싶었다. 도시에서 노년을 보내는 어르신들은 대부분 적어도 어린시절까지 시골에서 흙을 밟으며 농사를 지어 본 경험이 있을 것이고 그런 그분들에게 그 옛날 친숙했던 농촌생활의 작은 단면이라도 제공한다면 위안과 함께 재활치료에도 도움이 될 것이라고 믿었기 때문이었다.

그러나 마음은 어디까지나 마음일 뿐 현실은 소망을 따라주지 않았다. 도시 안에서 그만한 유휴 토지를 확보하는 것이 재정적으로 쉬운 일이 아니었을 뿐만 아니라 설령 텃밭부지가 확보되더라도 거동이 힘든 노인들의 이동문제, 위생문제, 보호문제 등 쉽사리 해결할 수 없는 많은 문제들이 뒤따랐다.

그래서 생각한 것이 병원옥상을 시골의 텃밭처럼 만들어보자는 것이었는데 기존의 다른 병원과 건물들에서는 내가 생각하는 옥상공원의 제대로 된 모델을 찾을 수 없었다. 내가 다녀 본 노인요양병원들의 옥상은 꽃과 나무를 심은 화단을 만들고 파고라나 벤치 등 간단한 휴식시설을 설치하는 수준이었다. 게다가 통상 옥상에다 설치하는 공기조절 기계실, 중앙집중식 에어컨 외기 같은 소음이 심한 기계들이 함께 있어 글자 그대로 옥상의 짜투리 공간을 활용하는 데만 급급했다는 인상을 주기에 충분했다.

고심 끝에 나는 일단 옥상공간의 활용개념을 다시 정하기로 했다. 나는 병원건물 내부에 우리네 전통집의 대청마루 개념을 도입한 것처럼 옥상공간 역시 어르신들에게 친숙한 우리네 시골집의 마당과 같은 분위기로 꾸미기로 한 것이다.

생각만 해도 절로 고향집과 어린시절의 향수가 피어 오르는 시골집 마당. 돌과 진흙으로 야트막하게 둘러치거나 싸릿대 울타리를 얼기설기 엮어 세운, 결코 도적을 방비하거나 이웃을 경계할 목적이 아니라 그저 남보기에 민망한 것을 가리는 가림막에 가까운 그 소박한 울 안쪽으로 펼쳐진 정겨운 공간. 그곳은 가난한 시절 우리네 생활을 송두리 채 간직한 추억의 장소이기도 하다.

마당 한 켠에는 크고 작은 질항아리가 세월만큼이나 곰삭은 장을 품은

최부길 작가의 사진작품. 싸리문을 열고 들어서면 어머니가 금방이라도 버선발로 반겨주시던 고향집. 그 정겨운 고향집 마당의 정취를 나는 병원 옥상에 재현하고 싶었다.

하늘정원은 어르신들에게 고향의 추억을 떠올리게 하는 시골집 마당의 분위기를 살리고자 했다.

채 서 있고 가장자리 어디쯤에는 찌그러진 양은 세숫대야가 포개져 있는 세수간이 자리잡고 있다. 판자나 싸리로 만든 입구문 근처에는 두 집 건너 한 집 꼴로 누렁이나 백구가 개집에서 나와 어슬렁거리기도 한다.

이 마당은 초여름이면 보리타작, 가을이면 벼타작, 들깨타작이 이뤄지던 생활의 터전이자 관혼상제가 있을 때는 천막을 치고 손님을 맞던 응접실이기도 했다.

시골집 마당에서 결코 빠질 수 없는 것은 나무평상이다. 이 나무평상에서 고추와 깨, 감, 호박을 말리기도 하고 여름이면 모깃불을 피워놓고 식구들끼리 얘기꽃을 피워가며 저녁을 먹거나 동네 어른들이 한데 모여 왁자하게 막걸리 술잔을 나누던 기억이 지금도 생생하다.

또 넓직한 마당이 있는 집에서는 어김없이 텃밭을 일구어 상추며 오이,

고추, 가지 같은 야채를 키워 반찬거리를 그때그때 해결했다. 텃밭을 둘만큼 마당이 넓지 않은 집이라도 울타리 안쪽으로 조그만 화단을 만들어 봉숭아며 민들레며 분꽃, 채송화 등 꽃밭이라도 일구었다. 마치 어머니 품속처럼 아늑하고 포근한 그 고향집 마당의 정취를 나는 병원 옥상에 재현하고 싶었다.

이러한 구상에 따라 나는 우선 명칭부터 정하기로 마음먹었다. 흔히 '옥상공원', '공중공원'에서처럼 흔히 '공원'이라고 하면 수목이 심어져 있고 가족이나 연인, 아이들이 산책이나 놀이 등을 하는 시설을 떠올리게 되어 시골집 '마당'과 같은 공간을 꿈꾸는 나에게는 이상하게 이질감이 들었다. 적합한 단어를 찾던 끝에 '하늘정원'이라고 부르기로 했다.

그 장소에 올라서 하늘을 볼 수도 있고 집안에 있는 뜰이나 꽃밭을 한자말로 '정원'이라고 하니 내 구상과 맞아떨어지는 이름이었기 때문이었다. '공원'이나 '정원'이나 '그게 그거 아니냐'하고 반문하는 사람이 있을런지 모르겠다. 하지만 사전상의 의미를 떠나 나에게 '공원'에서 풍기는 어감은 어쩐지 도시적, 인공적이지만 이와는 반대로 '정원'이라는 단어에서는 목가적, 전원적인 냄새가 물씬 풍기는 것 같았다. 이름을 세련되게 하느라 '정원'이라 붙이긴 했지만 실상 시골집마다 없을 수가 없는 '집 안 마당'의 개념에서 착안한 경우라서 내게는 두 낱말의 차이가 더욱 크게 느껴져 왔다.

이곳저곳서 공동묘지나 납골당을 '하늘공원'이라는 명칭으로 부르는 것에 대한 거부감도 크게 작용했다. '재활'과 '요양'을 목표로 하는 병원에서는 '죽음'을 연상시키는 그 어떤 끄나풀도 금지될 수밖에 없었고 처음 병원을 지으려 할 때 인근 주민들이 장례식장을 열 것이라며 반대하던 쓰라린

하늘정원은 내가 병원에서 모시던 내 어머니와 모자의 정을 나누던 추억의 공간이기도 하다.

기억 탓도 있었기 때문이다.

나의 구상은 곧 병원건립을 위한 설계단계에서부터 반영되었다. 건물구조에서 나는 처음 지상 5층까지 부지가 생긴대로 건물을 올린 뒤 2/3 면적에 하늘정원을 조성하고 나머지 공간에 6층과 7층을 지어 부속시설을 확보할 계획이었다. 즉 6층 동쪽 끝에 물탱크, 전기배전실, 기타시설물실, 식당과 주방, 영양실을, 그리고 맨 위층인 7층에 이사장실과 경리실 같은 사무공간을 확보할 예정이었다.

그러나 이 계획은 '하늘정원'이 시골집 마당과 같은 컨셉으로 구체화됨에 따라 수정될 수밖에 없었다. 전기배전실과 기타시설물실의 위치 때문이었다. 가급적이면 조용하고 쾌적한 환경이 되어야 할 하늘정원과 같은 층에 소음이 심한 공기조절시설과 위험시설이랄 수 있는 전기실을 함께

하늘정원 둘레를 따라 벽돌로 단을 쌓고 그 안에 흙을 채워 넣어 텃밭을 만들었다. 여기서 가꾼 상추, 고추, 오이, 당근 등의 야채는 그대로 입원환자의 식재료가 된다.

둘 수는 없다는 판단이 들었던 것이다. 이 판단에 따라 계획에 없던 8층을 더 지어 이 시설들을 옮기기로 했다. 그렇게 되자 더 넓은 '마당'을 확보할 수 있는 공간적 여유도 함께 생겼다.

동쪽 끝이 산자락과 접해 있는 180여평에 이르는 넓은 공간의 가장자리를 돌아가며 벽돌로 단을 쌓았다. 여기에다 흙을 채워넣고 적당히 다진 뒤 골을 타고 이랑을 두두룩하게 돋구자 내가 생각하던 길이 80여m 폭 2m 쯤 되는 텃밭이 턱하니 나타났다. 중간중간 사철나무, 동백나무, 고무나무를 심어 텃밭의 분위기를 삭막하게 하지 않는 것도 잊지 않았다.

이 텃밭에서 철마다 상추, 배추, 풋고추, 호박, 오이, 가지, 당근 등 각종 야채의 씨를 뿌리고 김을 메고 하면서 정성껏 가꾼다. 여기서 길러진 무공해 제철 채소들은 병원에 입원한 어르신들을 위한 싱싱한 반찬거리가 되는 것은 물론이다.

따스한 햇살이 담뿍 내리쬐는 날, 입원환자들은 이곳 하늘정원에 올라 일광욕을 즐긴다. 느린 걸음으로, 혹은 휠체어를 타고, 혹은 보행보조기에 의지해 텃밭에서 커가는 익숙한 작물들을 살펴보며 맑은 산공기를 몸 안 가득히 듬뿍 들이마신다. 마치 자신이 자란 고향집 마당을 둘러보듯 그렇게 산보를 하며 몸과 마음을 씻어내는 것이다.

하늘정원의 효과는 이 뿐만이 아니다. 봄날이나 여름의 이곳은 마치 야외캠핑장을 연상케 할 정도로 성황을 이룬다.

하늘정원 한쪽으로 방부목 데크를 깔고 그 위에 서너 개의 파라솔을 놓았고 또 한 쪽에는 시골집 마당에서처럼 열 명이 앉아도 넉넉한 평상을 만들어 두었는데 이 시설들이 200%의 효용을 발휘하고 있는 것이다. 어르신

따뜻한 날 점심시간의 옥상정원은 입원환자들과 가족, 병원직원들의 야외식사 장소이자, 어르신들의 산보장소로 인기를 모은다.

들끼리, 문병 온 가족들이 입원환자와 함께 앉아 여기저저기서 먹을 것을 나누며 도란도란 이야기꽃을 피우는 광경은 일상이 되었다. 특히 점심시간이면 환자용 식판을 가지고 나온 어르신들과 직원용 식판을 든 직원들이 이곳 하늘정원에서 한 가족처럼 테이블과 평상 위에 둘러 앉아 식사를 하는 모습을 보고 있노라면 그 옛날 대가족이 둘러앉아 식사를 하던 시골집의 정경이 되살아나는 듯해 입가에 절로 미소가 떠오른다.

호텔같은
병원 로비

첫인상이란 것이 있다. 사람을 처음 만날 때 그 사람에 대해 우리가 받는 느낌이다. 우리는 마음속에 아무 것도 없는 상태에서 눈에 보이는 대로 상대에 대해 생각하게 되고 그렇게 한 번 박힌 첫인상은 여간해서는 잘 바뀌지 않는다.

첫인상이 잘 변하지 않는 현상은 사람들이 '일관성'을 유지하려는 심리가 있기 때문이라고 한다. 첫인상이 좋았던 사람은 좋은 행동을 하리라고 기대하게 되고 혹시라도 그 사람이 좋지 않은 행동을 하게 되면 그럴만한 이유가 있으리라고 너그럽게 넘어간다. 이와는 반대로 첫인상이 좋지 않았던 사람이 의외로 좋은 행동을 하면 '뭔가 속임수가 있을 것'이라는 의심을 가지게도 되는 것이다. 그래서 첫인상이 중요하다는 것이다.

그리고 그 첫인상에 가장 크게 영향을 미치는 것은 그 사람의 외모다. 얼굴과 옷차림새를 통해 우리는 그 사람에 대한 총체적인 느낌을 받게 되는데 그 중에서도 얼굴이 가장 중요하다. 얼굴이 잘 생긴 사람이 성격, 집안, 학벌까지도 모두 좋을 것이라고 생각하는 경향이 있다.

사람의 첫인상이 중요하듯 병원의 첫인상도 중요하다. 사람의 첫인상이 그 사람의 얼굴이라면 병원의 얼굴은 입구 로비이다. 환자나 보호자가 병원에 처음 들어서면 처음 대하게 되는 곳이기 때문이다.

관자재병원 설립을 준비하기 위해 다녔던 수많은 요양병원 가운데 내가 마음을 내어 줄만한 첫인상을 남겼던 병원이 손꼽을 정도였던 것도 바로 좁은 입구 로비에서 느꼈던 갑갑함 때문이었다. 내가 들렀던 대부분의 병원 로비는 입퇴원 수속과 병원의 각종 부속업무를 담당하는 데스크를 마주하고 방문객을 위한 소파와 벤치식 의자를 비치하는 정도의, 업무편의에만 집중한 구조였다. 그런 곳에서 오랜 기간을 머물러야 할 지도 모른다는 입원인의 절박한 마음에 대한 배려는 전혀 느껴지지 않았다.

한정된 면적에 가능하면 보다 많은 입원실을 만들고 보다 많은 환자를 확보하기 위해선 어쩔 수 없는 일이겠다고 이해가 가지 않는 일은 아니었지만 내 집 현관을 그처럼 답답하게 해 놓고서 찾아온 손님들이 내 집에 대해 좋은 인상을 가지게 될 리는 만무하다는 것이 나의 생각이다. 그리고 우여곡절 끝에 병원에 대해 그렇게 좋지 않은 첫인상을 가지고 입원한 환자가 그 병원에 대한 생각을 바꾸게 만들기 위해 병원은 과연 얼마 만큼의 노력을 기울여야 할까? 병원이 진료와 치료만을 위한 공간이라는 생각은

손님을 맞는 안내데스크에는 어떠한 구조물도 설치하지 않았고 남향의 커다란 유리창으로 종일 드는 햇살로 인해 병원로비는 늘 따스하고 밝은 기운이 감돈다.

이미 낡은 시대의 유물이다. 병원은 병원설립자나 직원이 아니라 병원을 이용할 환자들의 눈높이에 맞춰 지어지고 운영되어야 한다는 생각은 예전이나 지금이나 변함없다.

나는 병원방문객들이 출입구를 들어서면 병원이 아니라 마치 호텔의 로비에 들어선 듯한 편안한 느낌을 주고 싶었다. 그래서 입구로비를 1층 바닥에서 2층 천정까지 시원하게 트인 중정구조로 만들었다. 남쪽 1,2층을 합친 벽체 전체를 창으로 만들어 해만 뜨면 언제든 환한 햇살이 로비 전체로 들어오는 것은 물론 외부풍경이 시야를 꽉 채운다.

방문객과 병원직원 사이의 심리적 거리감을 좁히고 한가족같은 분위기가 느껴지도록 입구로비에는 어른 허리 정도 높이로 데스크 말고는 차단막이나 유리벽같은 어떠한 구조물도 설치하지 않았다. 우리네 시골집이

입원병동에서도 1층 로비의 시원한 풍광을 체감할 수 있도록 복도 벽쪽을 유리벽으로 마감했다.

대문을 지나 마당에 들어서면 집안 전체가 한눈에 들어오는 것처럼 외부인들이 병원에 들어서면 직원들이 무엇을 하고 있는지 훤히 볼 수 있거니와, 반대로 직원들은 병원의 출입상태를 체크하는 것은 물론이고 입·퇴원 환자와 보호자, 방문객들의 요구에 즉각 응답할 수 있는 장점이 있었다.

　이 구조는 또한 많은 입원환자들이 이용하는 물리치료실과 작업치료실이 있는 2층에서도 탁 트인 시야를 확보해 입구로비의 모습이 한눈에 들어오도록 함으로써 장기간의 병원생활에서 혹시나 가지게 될지 모를 심적 답답함을 조금이나마 해소하는데 기여하고 있다.

　입구로비에 들어서면 무성한 잎사귀를 자랑하는 우리 병원의 터주대감 관음죽이 가장 먼저 방문객을 반겨준다. 이 관음죽은 보통의 실내 관상수와는 달리 화분에 담겨있지 않고 건물아래 흙으로부터 자란다. 병원건축 구상을 하면서 이미 입구로비에 심기로 작정했기에 그 자리는 콘크리트 마감을 하지 않은 상태 그대로 두었다. 땅의 기운을 그대로 받아 그 기를 병원에서 생활하는 모든 분들에게 골고루 전해달라는 염원에서였다. 처음 이식 해올 때 수령이 50년이 넘어서도 키가 2m 남짓이던 것이 잘 자라주 어 5년여가 지난 지금은 어른 키의 두 배는 될 정도로 훌쩍 컸다.

관자재병원과 관음죽. 뭔가 어울리는 궁합인 것 같은 생각에서 나는 관 음죽을 심었다. 이름 때문이기도 하지만 나는 관음죽을 볼 때마다 항상 관 자재보살을 떠올리게 된다. 줄기마다 수없이 달린 손바닥 모양의 그 잎사 귀가 천 개의 손으로 사방중생의 아픔을 어루만지는 천수관음의 자태를 연상시키기 때문이다.

병원을 이용하는 모든 이에게 생명의 푸른 활기를 전하고 실내의 탁한 공기를 정화하여 싱그러움을 선물하는 늘 푸른 잎사귀처럼, 나는 자비로 운 손길로 이곳을 찾는 모든 이의 시름을 달래주는 병원이 되고자 하는 서 원을 입구로비에 심은 관음죽에 담았다.

관음죽은 중국 남부지방이 원산지라고 하는데 일본 류쿠(琉球)지방의 관음산에서 많이 자라는 대나무같은 식물이라고 해서 관음죽으로 불린다 고 한다. 관음죽은 대나무의 느낌이 나서 특히 나이 드신 어른들이 좋아하 는 데다 암모니아 같은 냄새를 잘 흡수하기 때문에 일반 가정에서 흔히 기 르기도 한다.

관음죽은 꽃을 피우기는 하지만 그 예가 상당히 드문 것으로 알려져 있 다. 그래서일까? 관음죽의 꽃말은 행운이다. 우리 병원의 관음죽은 그동

관자재병원 실내로 들어서 맞이하는 탁 트인 중정구조의 로비는 마치 호텔에 들어선 것 같은 느낌
을 준다.

안 무려 두 번이나 꽃을 피워 바라보는 이들을 행복하게 했다.

병원의 첫인상을 위해 입구로비와 함께 신경을 쓴 것은 건물외관과 입구였다. 신경을 쓴다는 것은 시각적으로 시선을 끈다든지 하는 외형적인 부분이 아니라 병원을 찾는 이들에게 어디까지나 정서적, 심리적으로 안정감과 믿음을 주는 방향으로 고려했다는 뜻이다.

병원이라고 하면 흔히 즐비한 각종 의료기구와 좁은 병실, 소독약 냄새를 떠올리며 일단은 거리감부터 가지게 된다. 그리고 그 병원이 다른 사람도 아니고 자신이나 가족, 가까운 일가친척이라도 입원해야 할 곳이라고 생각하면 그곳에서의 치료는 둘째 치고 우선 심리적인 부담감부터 떠안게 된다. 병원이란 곳이 건강한 사람이 가는 곳이 아닐 터이니 그런 선입견과 부담감은 지극히 당연한 일일 것인데 짧게는 몇 개월부터 길게는 몇 년까지, 비교적 장기간 입원을 각오할 수밖에 없는 요양병원이야 더 말해 무엇 하겠는가.

그런 점들을 고려해서 건물의 겉모습은 일단 답답한 느낌이 들지 않도록 해야 했다. 나는 병원 건물의 외벽 색상을 흰색으로 칠했다. 배경으로 펼쳐지는 소망산의 초록과 산뜻한 대비를 이룰 뿐만 아니라 시각적으로도 시원하고 청결한 느낌이 들게 하기 위해서였다. 말하자면 '언덕위의 하얀 집'이라고나 할까? 여기다 자연친화적인 느낌을 더하기 위해 나무색을 더했다. 진입로가 있는 건물 남쪽 전면은 1층에서 5층까지 베란다처럼 돌출된 구조를 만들어 그곳 벽면전체를 유리로 마감했다. 기본적으로 채광을 위해서이기는 하지만 외부에서나 내부에서나 탁 트이면서도 깔끔한 이미지를 전달하려 했다.

병원으로 들어서는 진입로도 마찬가지다. 일반도로에서 우측으로 꺾어 들어오는 우리 병원의 진입로는 비스듬히 경사를 이룬다. 주차장으로 사용되는 지하1,2층은 나무색의 천연대리석으로 마감하고 오른쪽에 접한 아파트 사이에는 얕은 블록담장 위로 방부목으로 가림막을 설치해 먼 배경으로 시야에 들어오는 산등성이와 조화되도록 했다. 이 방부목 가림막은 서로의 사생활을 보호하는 기능을 하기도 하지만 근본적으로는 우리에게 친근한 시골집의 싸리울의 느낌도 고려한 것이다. 이 울타리 아래에도 좁은 화단을 만들고 중간중간 나무를 심어 삭막한 느낌이 들지 않게 했다. 앞으로 여기다 담쟁이넝쿨을 심는 것도 고려중이다.

병원으로 들어서는 진입로. 인접한 아파트와의 경계에 방부목 가림막을 설치하고 그 아래에 화단을 설치하여 사생활보호와 자연친화적 효과를 함께 얻고자 했다.

기본에
충실한 병원

병원의 이미지를 고려한 관자재병원의 또 다른 특징은 다른 병원들처럼 덕지덕지 붙여 놓은 간판이 없다는 점이다. 간판이래야 병원 맨 꼭대기 기계실 외벽에 설치한 것이 유일하고 찾아오시는 분들을 위해 진입로 입구에 세워 놓은 조그마한 표지판이 병원이 있다는 것을 외부에 알릴 수 있는 전부이다. 이 뿐만 아니라 어지간한 요양병원마다 하나씩은 있음직한 그 흔한 편의점도 없다. 그 때문인지 모르겠지만 우리 병원을 찾는 분들은 지나가다가 간판을 보고 우연히 들른 경우는 전혀 없고 병원을 처음 찾는 방문객들로부터 '찾느라 혼났다'거나 '음료수나 위문품 하나 살 곳도 없다'는 불평을 종종 듣기도 한다.

하지만 나는 그런 사사로운 불만사항을 개선할 생각이 없다. 아니 오히려 그 불평이 오히려 반갑게 들린다. 그들의 푸념은 우리 병원이 상업적인 시설이 아니라 의료시설로 인식되어 가고 있다는 증거이기 때문이다. 처음 병원 문을 열면서, 나는 요양병원이 치료와 재활이 목적인 곳으로 만들지 오직 수익만 목적으로 하는 시설로는 결코 만들지 않겠다는 각오를 다졌고 그런 병원의 이미지를 만들기 위해 간판이나 상업시설을 이용한 환자유치 경쟁은 절대 하지 않겠다는 결심을 했었다.

누구의 눈에나 잘 뜨이도록 요란한 간판을 주렁주렁 매달고 입원브로커를 고용하는 등의 방법으로 주변 병원과 경쟁하거나 병원의 수익을 조금이라도 더 얻고자 편의점이나 매점을 운영하는 등 주변에 눈을 돌리기보다는 병원 본연의 임무에 집중하는 것이 먼 장래를 생각해 보면 훨씬 더 병원발전을 위한 길이라는 생각은 지금도 변함이 없다.

아니, 변함이 없는 것이 아니라 노인요양병원의 과당경쟁으로 인한 부작용이 종종 사회문제화하고 있는 작금의 상황은 나로 하여금 이 생각을 더욱 굳건하게 만들고 있다.

노인요양병원이 난립한 상황에서 일부 노인요양병원들이 입원가격을 과도하게 낮추는 저가 입원비 경쟁으로 환자유치에 나서다 보니 그 부작용으로 인한 폐해는 고스란히 환자들에게 돌아가고 있다. 인건비 축소를 위해 적절한 치료를 생략하는 것은 예사이고 환자수 대비 법정 인원 이하의 간호사를 고용할 수밖에 없어 부실한 간병으로 이어질 수밖에 없다. 병원 운영비를 줄이기 위해 환자복 부실 세탁, 질 낮은 급식, 냉난방기 가동 중단 등 환자들의 기본적인 생활환경마저 저해하고 있는 것이다.

더욱 심각한 문제는 환자들의 안전문제이다. 병원의 안전시설은 눈에 잘 드러나지 않기에 입원환자의 낙상과 골절 같은 의료사고는 다반사이고 화재 같은 대형사고에 무방비로 노출되기 쉽다. 종종 신문지상을 오르내리며 소중한 인명을 앗아가는 요양병원 화재사고가 그 대표적인 사례이다.

용돈까지 주며 환자를 유치하는 이러한 일부 몰지각한 요양병원은 여론으로부터 '노인사육소'라는 심한 욕설을 듣고 있을 정도이니 올바른 사명감을 가지고 정직하게 병원을 운영하는 다른 병원들에게까지 그 피해를 주고 있다.

우리 병원은 입원한 환자들은 기존에 입원한 환자와 보호자들의 입소문을 듣고 오거나 병원 인근에 사시는 분들, 병원직원들의 소개로 온 경우가

연산관자재병원의 무료까페. 세상을 혼자서 살아 갈 수는 없다. 병원도 그렇다. 이웃을 배려하고 이웃과 더불어 사는 삶이 아름답다.

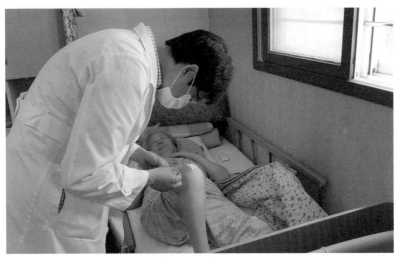

환자를 정성껏 돌보아 병을 낫게 하는 것이 병원의 기본적 역할이다. 관자재병원은 앞으로도 기본에 충실한 병원이 되도록 노력할 것이다.

거의 대부분인데도 평균 95%의 입원률을 웃돌고 있으며 평소에도 10여명의 환자가 대기하고 있다. 비뚤어진 환자유치 경쟁이나 광고간판에 의존하는 영업을 하지 않는 우리 병원이 지난 5년간 큰 수익은 내지 못하더라도 이처럼 자리잡을 수 있었던 것은 '기본에만 충실하겠다'는 자세로 묵묵히 제 갈 길만 걸어 왔기 때문이 아닐까 나름대로 자부심을 가져보기도 한다.

세상 모든 일이 그렇겠지만 '더불어 사는 것'이 최선의 삶이 아닐까. 특히 '이웃이 사촌'이라는 말처럼 나와 가장 가까이 있는 가족, 이웃과의 관계가 돈독해야 나와 멀리 있는 남들도 나를 인정해 줄 것이다. 집에서 새는 바가지는 바깥에서도 새기 마련이니까.

편의점이나 매점운영이 그렇다. 우리 병원이 아주 외딴 곳에 있어 필요한 물건을 구입하기 위해 심각한 불편을 감수해야 하는 상황이라면 나는 마땅히 병원 내에 그런 편의시설을 들여 놓았을 것이다. 하지만 약간의 불편만 감수하면 인근에서 얼마든지 필요한 물품을 살 수 있다면 마땅히 그래야 한다는 것이 나의 생각이다. 우리 병원 식구들이 감래하는 약간의 수고가 근처에서 장사로 생계를 이어 나가는 주변 분들에겐 도움이 되리라는 믿음에서이다. 소탐대실, 약간의 수익을 얻으려다가 정작 그보다 훨씬 중요한 이웃의 평판을 잃어버린다면 자칫 우리 병원의 터전을 잃어버릴 수도 있기 때문이다.

내 부모를
모시는 심정으로

요양병원에서 가장 중요한 공간은 입원병동이다. 환자들이 하루시간의 대부분을 여기서 보내야 하는 까닭이다. 특히 거동이 불편한 노인환자들이 주로 생활하는 곳이어서 시설 하나하나에 더욱 세심한 주의가 필요하다. 나는 이러한 병동을 우리네 시골집을 모델로 어르신들이 처음부터 거부감 없이 잘 적응할 수 있도록 배려하고자 했다.

우선 온도변화에 취약한 어르신들의 건강을 고려해 2층부터 5층까지 각층마다 병실은 물론이고 대청마루(로비), 복도 할 것 없이 바닥에는 개별 아파트형 온돌보일러를 설치하고 원목마루로 마감했다. 열기가 바닥으로부터 올라오는 우리 고유의 온돌방식은 세계인들이 따라할 정도로 건강에 좋고 병원을 찾는 어르신들도 평생을 한국식 온돌문화에서 살아오신 분들이라는 점을 감안해서였다.

마음이야 아궁이에 불을 때기만 하면 뜨끈한 온기가 올라오는 황토방의 구들을 재현하고 싶었지만 어디까지나 마음 뿐, 기본적으로 공동생활을 해야 하는 병원의 특성과 여러 가지 여건을 감안해 보았을 때 현실적으로 실현하기에는 무리가 따랐다. 실제로 침대없이 온돌방에 매트를 깔아 병실을 꾸미고 진료하는 곳도 있고 일본에서는 다다미 방식의 병실도 있지만 나는 환자관리측면에서 바람직하지 못할 것이라는 판단에서 어르신들이 좋아하는 온돌병실을 아직 시도해보지 못하고 있다.

서양식 침대에 익숙하지 않은 어르신들이 의료용 침대 위에서 생활하는 것이 마음 아프지만 병의 치료와 간병을 위해서는 어쩔 수 없는 일이었다.

그러나, 앞으로 의료기술이 더욱 발전한다면 건강에도 좋고 과학적인 우리의 온돌이 병실에도 적용되어 그 온돌방에 어르신들을 모실 수 있는 날이 하루라도 빨리 왔으면 하는 바람이다.

여름에는 천정에 설치한 시스템 에어컨으로 입원환자들에게 최상의 쾌적한 환경이 되도록 했지만 가급적이면 사용을 자제하고 수시로 남향으로 설치된 창문을 열어 환기와 온도조절을 한다. 에어컨보다 자연바람이 훨씬 건강에 좋은 것은 두말할 필요가 없다.

같은 건물이라도 일조량, 창문의 크기와 개폐여부, 내부구조와 같은 변수에 따라 실내온도는 각 층마다 같을 수가 없다. 같은 층에 있는 방도 마찬가지다. 나는 이러한 사정을 감안해 바닥에 설치한 온수보일러는 물론이고 냉난방, 공기조절시스템을 중앙집중식으로 하지 않고 개별조절이 가

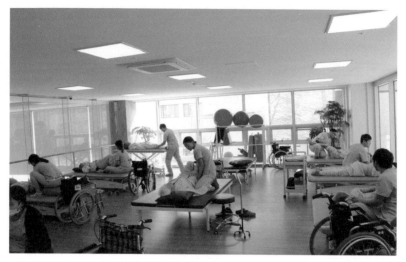

요양병원에서 재활치료는 중요한 기능이다. 거동이 불편한 노인들은 이로 인해 낙상이나 욕창 등 2차 사고와 질병으로 고통 받는 일이 허다하기 때문이다.

능하도록 했다. 이런 조절시스템을 통해 간호사와 간병인 등 입원환자들을 돌보는 직원들은 수시로 입원실과 복도 등 실내의 온도와 공기상태 등을 점검하여 24시간 내내 최적의 컨디션을 유지할 수 있도록 하고 있다.

　노인요양병원에서 빼놓을 수 없는 기능 중 하나는 바로 재활치료이다. 재활치료 가운데에서도 뇌졸중이나 파킨슨병, 골절 등으로 자신의 몸을 제대로 가누지 못하는 어르신들을 위한 신체재활치료가 특히 중요하다. 우리 병원에서는 2층 병동에 물리치료실을 마련하고 대청마루에 재활운동을 돕는 각종 기구들이 있어 어르신들의 재활을 돕고 있다.

　병동의 복도는 어르신들의 이러한 재활운동을 위한 공간으로 활용될 수 있도록 설계했다. 동서로 길게 뻗은 건물의 중앙을 가로 질러 직선으로 넓은 복도를 만들고 그 양쪽으로 병실과 대청마루, 휴게실, 목욕실 간호스테이션을 배치했다. 병실에서 나오기만 하면 언제든 길다란 복도를 따라 지팡이를 짚거나 보행보조기에 의지해서 걷기운동을 할 수 있도록 한 것이다. 집중적인 재활치료나 운동과 더불어 평소 꾸준히 몸을 움직이는 생활습관을 곁들인다면 보다 효과적인 치료가 될 것이라는 생각에서였다. 간신히 보행이라도 가능한 어르신들의 다리근력 강화를 위해 복도 벽을 따라 기다랗게 안전손잡이도 설치했다. 어르신들이 부딪히거나 넘어져도 다치지 않도록 손잡이 겉 재질도 플라스틱으로 마감한 것은 물론이다.

요양병원의 병실은 특성상 어르신들이 하루 시간의 거의 대부분을 보내야 하는 곳이기에 그 어느 곳보다도 소홀히 할 수 없었다.

병실은 일반실과 특별실로 구분했다. 일반실은 재활치료가 가능하고 가족이나 병원직원 등 다른 사람을 알아볼 정도로 비교적 의식이 또렷하지만 거동이 불편하신 분들이 생활하는 공간이다. 일반실은 3인실부터 7인실까지 선택의 폭을 넓게 했다. 처음 3~5인실 위주로 만들고자 했으나 의료수가 측면에서 보호자에게 만만찮은 부담이 될 것이 예상되어 5인실 이상의 일반병실의 수를 늘렸다.

특별실에는 산소호흡기에 의지하거나 육체적 고통이 극도로 심해 진통제 등의 약제를 수시로 투여할 수밖에 없을 정도로 상태가 위중하신 어르신들을 모셨다. 담당의사와 간호사들이 집중적인 의료와 간호가 필요한만큼 3층 병동의 중앙 간호부 데스크 바로 앞에 설치했다. 특별실은 또한 병실의 벽과 문을 투명한 유리로 만들어 혹시나 발생할지 모를 위급한 상황을 바깥에서도 살필 수 있도록 했다.

병실의 문은 문턱을 없애고 슬라이드식 행거도어를 설치해 출입시 편의

관자재병원은 병원전체를 환자들의 재활훈련장으로 활용할 수 있도록 했다. 복도손잡이를 잡고 걷기운동을 하고 있는 어르신.

와 안전을 동시에 도모했다. 각 병실마다 샤워시설이 포함된 화장실을 설치하면서 화장실 바닥에도 온돌코일을 설치하여 추운 겨울날일지라도 드나들 때 한기를 느끼지 않게 했다. 그리고, 화장실의 문턱을 없애는 대신 바닥은 물이 바깥으로 흘러나오지 않고 자연배수가 가능하도록 했다.

병실에서부터 화장실 안 변기에 이르기까지 벽을 따라 이동용 손잡이를 이어지게 설치했으며, 야간에도 쉽게 화장실에 갈 수 있도록 적정한 조도의 조명을 밝혔다. 변기 바로 옆에는 콜벨을 설치해 행여 있을지 모르는 응급상황을 대비하는 한편, 사고예방을 위해 수시로 화장실 바닥의 물기를 훔쳐내는 등 관리에도 만전을 기하고 있다.

낙상사고가 빈발하는 장소인 화장실의 문턱을 없애고 그 자리를 경사지게 만들어 물기가 고이지 않도록 했다.

목욕탕이나 화장실에서 종종 발생하는 노인들의 응급사고

목욕탕이나 화장실은 흔히 '중풍' 또는 '풍'이라고 일컫는 '뇌졸중'이 발생하는 단골 장소이다.

화장실에서 힘을 주면 뇌졸중이 일어나기 쉽다고 흔히 말하는데 이는 화장실에서 힘을 주면 혈압이 급히 올라갔다가 급히 떨어지곤 하기 때문이다. 구식화장실이나 양변기가 놓인 신식화장실이라도 심하게 웅크린 자세로 용변을 보게 되면 저절로 힘이 들어가기 때문에 혈압이 상승한다. 또한 화장실 안 온도가 낮으면 전신의 혈관이 수축하게 되므로 뇌졸중이 쉽게 발생할 수 있다.

그러므로 고혈압, 당뇨병, 심장병, 비만증 등 뇌졸중이 일어나기 쉬운 요인을 가진 노인들에게 화장실은 춥지 않아야 하며 화장실을 이용할 때는 웅크리지 않고 힘주어 용변을 보지 않도록 하는 것이 좋다.

목욕탕에서는 특히 고혈압 인자를 가진 노인이 뇌졸중으로 쓰러지는 경우가 흔히 있다. 특히 좋지 않은 것은 차가운 몸 상태 그대로 갑자기 뜨거운 탕으로 뛰어드는 경우 이러한 일이 종종 발생한다. 인간의 몸은 추우면 자율신경이 체표면의 혈관을 수축시켜 체온을 유지하려고 한다. 이때 혈압은 반사적으로 높아질 수밖에 없는데 이 경우 급하게 상승했던 혈압이 급하게 하강함으로서 뇌졸중이 발생하는 것이다.

고혈압을 가진 노인들이 더운 물에 들어갈 때는 우선 미지근한 물로 발끝에서 점점 어깨 쪽으로 물을 끼얹어 온도에 적응하고 나서 서서히 들어가야 혈압을 올리거나 심장에 주는 부담을 줄일 수 있다. 목욕 후에 냉수를 끼얹는 행위도 금기사항이다.

'낙상'도 목욕탕이나 화장실에서 흔히 일어나는 사고이다.

골다공증 등의 원인으로 뼈가 약해져 있고 근력도 떨어져 있는 노인이 미끄러짐, 걸림, 헛디딤, 휘청거림 등 다양한 원인으로 낙상사고가 발생한다.

낙상으로 인해 대퇴부 골절 등의 부상을 입을 경우, 신체회복능력이 더딘 노인들은 오랫동안 병상에 누워만 지내야하는 경우가 대부분이다. 다행히 골절 등의 심한 부상이 없더라도 고령자들은 낙상로 인해 받은 통증과 또 넘어지지 않을까 하는 걱정 때문에 보행이나 이동 자체에 대한 불안감. 즉 '낙상공포감'을 가지게 된다. 이 공포감이 심해지면 일상생활에서의 활동하려는 의욕이 줄어들고 몸도 마음도 쓰지 않게 되는 이른바 '폐용증후군'을 발전되고 병상에서 일어나지 못하는 상태가 될 수도 있다.

낙상사고는 어디서든 발생할 수 있으나 특히 바닥에 물기가 많아 미끄러지기 쉬운 목욕탕과 화장실이 위험한 곳이므로 평소에 물기가 없도록 잘 관리해 주는 것이 무엇보다 중요하다. 젖은 바닥이 아니더라도 윤이 나게 잘 닦여진 바닥과 천정조명을 직접 반사해 젖은 것처럼 보이는 바닥 역시 시력이 약한 노인들이 미끄러지기 쉬운 곳으로 오인할 수 있으므로 바닥재료의 선정에도 신중을 기해야 한다.

근력이 약한 노인들은 보행을 할 때 다리를 들어 올리는 높이가 보통의 경우보다 현저히 낮아 문지방이나 이불에도 걸려 넘어지는 경우가 허다하다. 따라서 낙상을 예방하기 위해서는 노인들이 거주하는 집안과 병원의 화장실. 목욕탕에는 가급적 문지방을 없애고 복도나 거실 등 왕래가 빈번한 공간의 바닥에도 노인들의 보행에 지장을 줄 수 있는 조그마한 돌출물도 없애야 한다. 바닥에 카페트를 까는 것도 되도록 피하는 것이 낫다. 고령자들이 걸려 넘어질 수 있으며 보행보조기구나 휠체어를 이용할 때도 불편하기 때문이다. 아울러 노인들의 동선을 따라 벽에는 적당한 높이로 이동용 손잡이를 부착하는 것도 잊지 말아야 한다.

제 5 장

노년의 건강한 삶을 위하여

꽃같은 인연

부처님께서 무진의보살無盡意菩薩에게 이르시길 "선남자여! 만약 한량없는 백천만억 중생이 모든 고뇌를 받을 적에 관세음보살의 이름을 듣고 한마음으로 명호를 부르면 관세음보살이 즉시 그 소리를 관찰하고 모두 해탈하게 하느니라.

– 관음경觀音經

노년기의
신체변화

　

사람의 일생에서 그 연령대마다 의미를 둔다면, 노년기는 살아온 인생을 행복하고 의미있게 마무리하기 위한 인생의 결실기이자 완성기이다. 또 다른 의미에서 본다면, 노년기야말로 인생에서 진정 아름답고 빛나는 시기이다.

젊은 나이에 요절하지 않는다면 누구나 노인이 되고 노년기를 보내야 한다. 하지만 누구나 맞는 노년기를 성공적으로 보내고 생을 마감하는 일이 그리 쉬운 일이 아니다. 노년기에는 노화와 신체적, 정신적 변화로 인한 질병이 품위 있는 인생의 마무리를 종종 가로막기 때문이다. 그러므로 행복한 노후의 필수조건인 건강을 위해서는 우선 노인과 노년기의 특성에 대한 정확한 인식이 필요하다.

노년기는 신체적 변화에서부터 실감된다. 일반적으로 50세 이후부터 체력과 건강상태가 점진적으로 저하되기 시작하여 노년기에 가속화된다. 50세가 지나면 손발과 얼굴의 피하지방은 소실되어 주름살이 늘게 되지만 복부와 둔부의 피하지방은 늘어나고 몸이 둔해지고 힘이 딸리게 된다. 뼈에서도 재생보다는 소실이 많아지면서 골다공증이 생겨난다. 머리카락은 빠지면서 백색으로 변한다.

기초대사율(휴식상태에서의 산소소모량)이 감소하고 호흡기능이 감퇴함으로써 호흡기질환에 쉽게 노출된다. 50대 중반 이후 혈액순환이 현저하게 둔화되면서 심장박동이 느려지고 동맥경화증이 흔하게 발병한다. 소화효소와 위액 등의 분비가 줄어 소화기능도 감퇴한다. 여기다 미각의 퇴화와 치아의 약화는 노인의 영양섭취에 지장을 초래한다. 75~80세 노인의 신체기능은 신체적으로 최전성기인 20세와 비교할 때, 폐활량 55%, 간혈류량 50%, 기초대사율 80%에 불과하다.

감각기관의 퇴화도 급격하게 진행된다. 시력은 40세 이후에 급격히 감퇴되는데 40대 중반부터 흔히 말하는 노안증세가 나타나기 시작한다. 노안이란 눈의 수정체가 딱딱해지고 탄력이 떨어지게 되어 가까운 곳이 잘 보이지 않는 현상을 말하는데 노년기가 되면, 여기에 더해 이 수정체에 혼탁이 와서 시야가 뿌옇게 흐려지는 백내장까지 오게 된다.

청각 저하는 30대부터 서서히 시작된다고 알려져 있지만 실제 퇴화현상을 실감하게 되는 것은 40대 이후이다. 일반적으로 저음보다 높은 주파수의 소리, 즉 고음에 대한 분별력이 떨어진다. 청력저하의 원인은 노화로

노년기의 시작

국제적으로 공용되는 노년기의 연령기준은 65세 이후로 심신활동이 쇠퇴하기 시작하여 죽음에 이르기까지의 시기로 인생의 최종단계를 말한다. 하지만 정작 당사자라 할 수 있는 우리나라 65세 이상 노인들은 생각이 다르다. 적어도 70살은 넘어야 '노인'으로 볼 수 있다고 여기고 있다.

보건복지부가 2015년 4월에 발표한 2014년 우리나라 노인실태보고서에 따르면, 65세 이상 노인이 노인이라고 생각하는 연령은 70~74세가 46.3%로 가장 많고, 75세 이상의 연령을 노인이라고 보는 비율도 31.6%를 차지해 70세 이상을 노인으로 생각하는 노인이 78.3%로 5명중 4명 꼴이었다. 이는 2004년 조사에서 70세 이상을 노인으로 생각하는 노인이 56%에 달하던 것에 비해 10년만에 20%나 증가한 것이다. 이에 비해 65~69세부터 노인이라고 해야한다는 비율은 18%에 불과했다.

몇 살부터 '노인'인가

(단위 : %, 전국 노인 1만 451명 대상 설문)

■ 64세 이하　■ 65~69세　■ 70~74세　■ 75~79세　■ 80세 이상

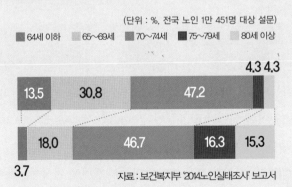

자료 : 보건복지부 '2014노인실태조사' 보고서

노년기는 신체적 변화에서부터 실감된다. 그러나 노년기에는 노화에 의한 자연적 신체변화와 질병으로 인한 증세를 잘 구분하는 지혜가 필요하다.

인한 신경세포 수와 기능의 감소 때문이라고 여겨지고 있다. 청각 저하는 노안으로 인한 시력저하처럼 급격하게 나타나는 것이 아니어서 생활에 별로 불편함을 느끼지 않기 때문에 자신이 잘 듣지 못한다는 사실을 받아들이지도 않는다.

늙으면 입맛이 없어진다고 하는 이유는 노화에 의한 미각의 저하 때문이다. 혀에 퍼져있는 돌기마다 맛을 느끼는 감각세포가 몰려있는 곳을 미뢰라고 하는데, 이 미뢰가 급격히 감소하거나 맛을 뇌에 전달하는 기능이 저하되는 것이 원인이라고 추정된다. 미각의 감퇴는 짠맛을 느끼는 기능이 먼저 떨어지기 때문에 나이가 들수록 더 짜고 자극이 강한 음식을 찾게 된다. 특히 약을 장기간 복용한 노인일수록 짠맛을 인식하는 능력이 열 배나 감소한다는 연구결과도 있다.

노년기에는 피부감각도 저하되는데 척추에서 멀리 떨어진 부위일수록 감각둔화가 빨리 오고 팔보다는 다리의 민감성이 더 빨리 감퇴한다. 그래서 노인은 신발에 들어간 돌을 느끼지 못해 발에 상처를 입기 쉬우며 온도에 대한 감각이 떨어져 뜨거운 물에 화상도 잘 입는다.

평상시 생활에서 어지럼증을 호소하는 노인들이 많다. 노인성 어지럼은 머리의 위치나 몸의 자세를 바꿀 때 주로 일어난다. 평형감각이 떨어져 생기는 이 어지럼증은 그 증상도 증상이거니와 이로 인해 2차 사고인 '낙상'으로 이어진다는 것이 문제다. 시각, 청각, 평형감각 등 감각기능의 감소는 인지기능을 감소시키고 지능의 저하를 초래한다.

수면시간은 나이가 들수록 감소해 신생아가 18~20시간인 것에 비해 노인은 평균 5~7시간 정도의 수면을 취하는 것으로 알려져 있으며 특히 아침에 일찍 깨는 경향이 있다.

성적 능력은 개인차가 심하므로 일반적인 사항이 모두에게 적용되는 것은 아니지만, 대체로 나이에 따른 차이가 있다.

남성의 경우, 노인은 젊은이보다 발기하는데 시간이 더 걸리지만 발기시간은 더 길다. 사정시 감각이 줄고 방출되는 정액의 양도 적다. 또한 사정 후 재발기에 걸리는 시간도 길어지게 된다. 나이에 따른 이러한 차이는 자연스런 것이지만 종종 성기능 장애로 오해받기도 한다. 여성도 노화에 따라 성적 각성에 더 오랜 시간이 필요하며 성호로몬인 에스트로겐 수준이 떨어져 피부감각의 둔화와 성기의 윤활기능 저하로 성행위시 쾌감을 못 느끼거나 통증을 유발할 수 있다. 이 경우 에스트로겐 투여로 교정이 가능하다.

노년기의
심리적 변화

노년기에 접어들게 되면 신체적 변화와 더불어 심리적으로도 여태까지와는 다른 변화가 찾아온다. 노년기의 심리적 변화는 신체변화가 일부 원인이 되기도 하고, 자신이 처한 주위환경의 변화에서 그 원인을 찾을 수 있다.

사람의 지적능력은 20대부터 감퇴되기 시작하여 60대 이후 급격하게 가속도가 붙는다. 일반적으로 지능은 중년기 동안 떨어지고 기억력 감퇴는 노년기에 더 빈번하게 발생한다고 알려져 있다. 그러나 지적능력이라 하더라도 언어기능에 해당하는 어휘능력, 이해능력, 일반상식, 산수, 공통점 찾기 등의 능력은 나이가 들어도 비교적 안정적으로 유지되는 반면, 비언

어기능이나 정신운동기능에 속하는 모양 맞추기, 토막 짜기, 빠진 곳 찾기 등 속도를 요구하는 기능은 나이가 들수록 능력의 감퇴가 현저하다.

지적능력의 변화를 타고난 유전적 요인의 영향을 받는 유동지능과 개인의 경험과 지식에서 비롯되는 결정지능으로 분리하여 바라 볼 수 있다. 다양한 자료들의 관계를 새롭게 파악하고 일반적인 원리를 발견하는 유동지능은 나이가 들수록 감소한다. 이에 반해, 축적된 지식을 이용하여 판단 및 문제해결에 관여하는 결정지능은 오히려 증가하는 경향이 있다. 이는 노인일수록 젊은이에 비해 생산적인 일처리능력은 떨어지지만 풍부한 인생경험과 지식을 바탕으로 상황에 더 현명하게 대처할 수 있다는 뜻이다. 이는 노인이 될수록 '지혜'가 늘어간다는 주장과 같은 맥락이다.

노년기에는 단기기억 능력이 현저하게 감소한다. 이는 노인이 새로운 것에 대한 학습과 기억을 어렵게 하는 요인이다.

사람의 기억은 감각기억, 단기기억, 장기기억으로 나누는 것이 일반적이다. 감각기억은 시각, 촉각, 후각, 미각 등의 감각을 1~2초 동안 보관했다 이내 지워버리는 기억이고 단기기억은 전화번호나 책의 페이지 등을 잠시 동안 기억하는 정도의 기억으로 대략 15초 이내에 소멸되는 기억을 말한다. 그리고 장기기억은 단기기억시간을 초과하는 모든 기억을 말하며 우리가 '기억력'이라고 부르는 것이다.

장기기억은 부호화/저장/소환과 인출 과정으로 구성되고 소환과 인출 과정은 다시 주어진 지식에서 하나를 구분할 수 있는 능력인 인지과정과, 정보를 정확히 재생시켜 지식의 특별한 일부분을 다시 생각할 수 있는 능력인 회상과정으로 나눈다. 많은 연구와 실험들을 통해 나이가 듦에 따라 회상능력의 감퇴가 보고되고 있어 노인이 최근의 일은 쉽게 잊지만, 먼 과거의 일들은 생생하게 회상한다는 생각은 잘못된 인식이라는 주장이 힘을 얻고 있다.

한편, 최근에는 노인들이 일상대화, TV드라마 등 일상생활에 관한 기억력은 연령이 증가함에 따라 완만한 감소추세를 보이고 있으나 이러한 기억력 감퇴에 대해서는 그다지 걱정할 것이 없다는 연구결과들도 나오고 있다.

성인이 되면서 형성된 개인의 일관적 성향은 중년기까지 비교적 일정하게 유지된다. 하지만 노년기에 이르러 그동안 가졌던 성격이 변화될 수 있는가 하는 것에 대해서는 변화할 가능성이 크다는 주장이 우세하다. 노년기에는 내적으로 육체적·정신적 변화와 함께 외적으로 은퇴로 인한 경제력의 약화, 사회적 고립과 소외, 가정에서의 역할 변화 등 변동 상황에 적응해야 하는 상황에 직면하면서 노년기 특유의 성향을 가지게 된다.

나이가 들면서 내향성이 증가한다는 데에는 학자들조차도 이견이 없다. 노인들은 주위 환경에 대해 적극적이던 자세가 소극적인 대처로 바뀌고 외부지향적인 태도에서 지난 생을 재평가하고 내면의 세계에 더 많은 관심을 보이는 내부지향적 성격으로 변한다.

노년기에는 제2의 유년기라 할 정도로 모든 면에서 의존성이 증가한다. 노인에 대한 사회보장제도가 아직 미흡한 우리나라에서는 주로 자녀의존적인 경향이 강하다. 배우자가 생존해 있을 때에는 배우자에게 의존하지만 연령이 증가함에 따라 차츰 자녀에 대한 의존도가 높아진다.

경직되고 과거지향적인 성격도 노년기의 특징이다. 생각에 융통성이 많

노년기에는 신체적 변화뿐만 아니라 심리적, 성격적 변화도 함께 찾아오므로 가족들의 자상한 배려가 있어야 한다.

고 새로운 것을 수용하여 변화를 시도하려는 젊은이와는 달리 노년기에는 환경의 새로운 변화를 수용하지 못하고 옛것에 집착하거나 자신의 사고방식과 태도를 고집하려는 경향이 증가한다.

노년기는 많은 세월을 살아오면서 시행착오를 거듭한 연륜이 쌓여 신중함과 조심성이 높다. 특히 감각기능의 퇴화로 일상생활에서 여러 가지 실수와 낭패를 경험한 노인들은 평상시의 행동조차 느리고 조심스러워진다.

노인이 될수록 주위의 친숙한 것들에 대한 애착심도 증가한다. 친숙한 물건들이 노인들에게 지나온 과거를 회상하고 마음의 안락과 만족을 주어서인데, 쓰던 물건을 쉽게 버리지 못하는 것도 이 때문이다.

노인이 되면 대체로 우울해지는 경향도 있다. 노년기에는 그전보다 스트레스의 양이 줄어드는 반면 내용이 부정적인 것이 많기 때문으로 보인다. 은퇴로 인한 정체성 상실과 사회로부터의 단절감, 무력감, 다른 사람에게 의존해야 한다는 좌절감, 배우자의 사망으로 인한 외로움, 과거에 대한 후회와 자책감 등이 원인으로 작용한다.

'76년간의 동행'. 2014년, 98세 할아버지와 89세 할머니 부부의 사랑과 이별을 잔잔한 영상으로 표현했던 영화 〈님아 그 강을 건너지마오〉는 노년기 부부의 사랑이 젊은 세대의 사랑처럼, 아니 어쩌면 훨씬 더 깊고 애틋할 수 있음을 알게 해 준 노인영화였다.

강원도 산골을 배경으로 삶의 마지막을 담담히 준비하면서도 여느 때와 다름없이 평범한 일상을 보내는 실제 주인공들에게서 누구나 가슴 속에 품은 순수한 사랑의 참모습을 보았기 때문이었다. 남편을 묻고 집으로 향하던 할머니가 땅에 주저앉아 서럽게 울던 이 영화의 끝 장면에서는 영화 내내 울음을 참았던 500만 관객들을 서러운 눈물바다에 빠뜨렸다.

우리는 살아가면서 수없이 많은 죽음과 마주한다. 사랑하는 사람과의 영원한 이별. 생과 사를 가르는 그 건널 수 없는 강가에서 눈물을 뿌리며 망자를 배웅한다. 그 수많은 이별 가운데 배우자의 죽음은 단순히 인생의 동반자를 잃었다는 상실감을 넘어 경우에 따라서는 남은 자에게 자신의 인생마저 끝났다는 의미로 다가와 스스로 목숨을 끊는 비극적인 종말을 초래하기도 한다.

심리학자와 정신의학자 등 많은 전문가들은 배우자의 사별이야말로 인생의 가장 큰 스트레스이자 개인에게 가장 부정적인 영향을 미치는 생활

사건이라고 말한다. 아무리 병으로 오랫동안 고생하다가 사망했다 해도 배우자의 사망은 남은 사람에게 충격을 준다.

연구에 따르면 배우자의 죽음은 남은 이에게 심각한 슬픔과 걱정, 불행감, 두려움을 주게 되고 남은 이들은 이로 인한 불면증, 식욕상실, 체중감소 등의 증세를 겪게 되며 홀로된 이들의 사망률과 자살률이 배우자 있는 이들에 비해 높은 것으로 나타났다. 성별로는 배우자와 사별한 남성이 여성보다 더 심한 고독감이나 사기저하를 경험하는 것으로 알려져 있다.

그러나 현실적으로 노년기 배우자의 사망은 여성 노인에게 더욱 심각한 영향을 주는 요인이다. 우리나라 실정상 여성 노인들이 혼자 살게 되면 대부분 경제적 어려움에 처하게 되는데, 우리나라에서 혼자 사는 노인들 가운데 87.7%가 여성(2014년 보건복지부 통계)이기 때문이다. 여성의 기대수명이 남성보다 더 길고 아내의 나이가 남편보다 평균 3세 정도 낮은 것을 고려하면 우리나라 여성은 남편과 사별 후 대략 10년을 혼자 살게 되는 셈이다.

배우자와의 사별로 홀로 된 노인들이 택할 수 있는 가장 최선의 방책은 이성교제나 재혼이 될 수 있다. 또한 이 대책은 날로 심각해지는 노인들의 성 문제의 가장 근본적인 해결책이기도 하다. 과거에는 노인들의 대부분이 유교적 사회문화의 영향을 받으며 자랐던 세대여서 '이 나이에 무슨…'이라며 손사래를 쳐왔지만 젊은 층을 중심으로 한 우리 사회의 성개방 풍조에 힘입어 노인들의 인식에도 급격한 변화가 발견된다.

2013년 800명의 울산지역 노인들을 대상으로 한 울산시노인복지관의 조사에 따르면 49.1%의 노인이 재혼에 찬성했고, 52.8%는 노인동거에 대

육체는 늙어도 감정은 늙지 않는다. 노인일수록 인생을 함께 하는 동반자의 존재가 더욱 절실할 수 있다.

해 찬성했다. 그리고 재혼을 가로막는 요인으로는 가족의 반대와 결혼 이후의 경제적 부담이 가장 큰 것으로 나타났다.

노인의 이성교재에 대해서는 97%가 필요하다고 응답했고 대상자와의 관계에 대해 우정(63%), 애정(17%), 결혼상대(10%), 성적 대상(10%)이라고 답했으나 실제 이성교재를 하고 있는 노인은 경제적 부담(33%)과 기회 부족(30%) 등의 이유로 10%에 불과했다는 연구결과가 있다.(1997. 임춘식. 홀로된 노인의 이성교재와 재혼태도에 관한 사례연구)

그런 의미에서 최근 노인관련기관에서 '황혼미팅', '두번째 프로포즈' 등의 노인만남 이벤트를 개최하는 것은 더 없이 반가운 일이다.

가끔씩 나는 우리 병원의 재활프로그램이나 대청마루에서 남녀 어르신들이 얼굴에 환한 웃음을 머금고 즐겁게 대화하시는 모습을 보거나 간혹 간호사들을 통해 이성 입원어르신의 안부를 묻는 것을 종종 보게 될 때마다 흐뭇함을 감출 수 없다. 요양병원이 단순히 병의 치료와 심신의 회복이 목적이 아니라, 홀로 된 외로운 노인들이 모여 서로의 병고를 위로하고 마음의 상처를 어루만지는 또 하나의 따뜻한 보금자리 역할을 하고 있다는 뿌듯함과 함께 저 분들이 건강을 회복하고 병원 밖에서도 좋은 인연을 이어갔으면 하는 은근한 기대감까지 품게 된다.

노년의 행복
마음먹기에 달렸다

행복한 노년기를 보내기 위해서는 자신의 노년기에 어떤 의미와 가치를 부여할 것인가 하는 고민에서 출발해야 한다. 다시 말해, 남은 삶의 보람을 어디에서 찾을 것인지에 따라 삶의 마지막은 물론이고 자신이 살아왔던 인생 전체의 의미가 송두리째 달라질 수 있다.

노인이 되고나면 버릇처럼 나오는 탄식이 있다. '등뼈가 휘어져라 고생해서 자식들 키우고 공부시키고 결혼시키느라 청춘이 다 갔다'는 말이다. 우리 부모세대가 그랬고 우리 또한 틀림없이 그렇게 살고 있을, 이러한 자식을 위한 인생살이는 어쩌면 부모라면 누구나 걸어야 할 숙명의 길인지 모른다.

그런데 그 애지중지 길러온 아들, 딸들이 장성하여 부모의 품을 벗어나 독립한 다음이 문제다. 이때부터 부모는 앞으로의 삶에 대한 선택의 갈림길에 서기 때문이다. 우리의 부모님들이 대개 그랬듯이 이후에도 '그 자식들이 자리 잡고 잘 살 수 있도록 손자손녀를 돌보고, 혹시라도 경제적 어려움이라도 생기면 도와주는' 삶을 살아 갈 수도 있고 아니면 '나는 너희들을 위해 청춘을 바쳤으니 이제 내 인생을 찾겠다'며 하고 싶은 일과 여행으로 남은 생을 자유롭게 즐길 수도 있다. 또 아니면 노년기 시간의 반은 자식을 위해, 반은 자신을 위해 쓰는 절충형도 있을 수 있을 것이다.

첫 번째의 경우, 부모로서의 책임에 끝까지 충실한 헌신적인 삶이 분명하다. 그런데 이런 노년을 보내다가 만일 모진 병마라도 만나게 된다면? 심한 가정일지는 모르나, 누군가의 도움이 없이는 수족조차 마음대로 움직일 수 없거나 치매로 사람조차 알아볼 수 없을 지경이 된다면? 그래서 그토록 애지중지하던 자식들에게 부담이나 되는 존재로 전락하게 된다면? 맨 정신이라면 아마도 죽고 싶은 심정일 것이다. 그러나 그 지경이 되면 꿈도 못꿀 일이다. 심한 치매라면 아마 죽고 싶다는 생각조차 망각하게 될 것이고 몸을 제대로 가누지 못하는 경우에도 자살은 그림의 떡이다.

자아실현에 가치를 두는 두 번째 선택의 경우에는 경제적 여유가 관건이다. 이 경우에는 자식과 사회의 도움없이 스스로 생활이 가능한 형편이 전제가 되어야 하기 때문이다. 그러나 현재 우리 사회에서 이러한 삶을 살고 싶어도 살 수 있는 노인은 소수에 불과하다. 노후연금이 넉넉한 공무원, 교사 은퇴자이거나 미리부터 노후를 대비해 온 소수의 노인들만이 자아실현형 노년기를 보낼 수 있다. 물론 이 경우에도 건강해야 한다는 조건은 필수적이다. 세 번째 절충형의 경우에도 첫 번째나 두 번째의 장단점이 함께 공존할 수밖에 없다.

노년의 삶을 어떻게 살아가든 그것은 각 개인이 처한 환경과 그에 따른 선택이겠지만, 분명한 것은 노년기를 다음 세대를 위해 자기의 자리를 비워주고 머지않아 맞을 마지막을 준비하는 단계로만 보아서는 곤란하다는 점이다. 인생을 마무리하는 노년기도 인생의 일부분이며 노인도 인생의 희노애락을 느끼는, 아니 그 어느 때보다도 인생의 깊이와 가치를 절실하게 느끼며 향유하는 존재라는 인식이 중요하다.

그런데 우리 사회는 노인을 다른 연령세대와는 다른 존재로 생각하는 경향이 있다. 이른 바 '연령차별'이라는 사회적 편견 때문이다.

우리는 모두 노인이 된다. 인간으로 태어난 이상 어느 누구도 어김없이 찾아오는 노년기를 피할 수 없다. 자신이 노인이 된다는 생각은 그러나 젊은 시절에는 누구나 아득하기만 할 뿐 현실적으로 잘 와 닿지 않는다. 원래 인간이란 과거나 미래보다도 자신이 살고 있는 현재를 가장 절실하게 느끼는 까닭에 그저 '나도 노인이 되겠지'하고 막연하게 느낄 뿐이다. 그러다 머리가 희끗희끗해지면서 주변의 가까운 사람들이 한둘씩 자취를 감추고 자신도 사회생활의 현장에서 은퇴하고 나서야 문득 노인이 되었음을 실감하게 된다.

늙는다는 것. 그 자체는 당연한 자연의 순리이건만 우리는 늙은 사람, 즉 '노인'을 너무 부정적인 시각으로만 보고 있는 것이 아닌지 한번 되돌아 볼 필요가 있다.

우리나라는 장유유서長幼有序의 유교적 전통이 최근까지도 이어져 내려

노인을 물질적, 경제적인 시각으로만 바라보게 되면 편견에 빠지게 된다. 그리고 이러한 편견이 만연할수록 커져가는 노인문제의 해결은 요원해지기만 한다.

왔다. 집안에서 부모를 모시는 도리인 효孝를 인륜의 근본이라 여겼고, 대문을 넘어서면 경로敬老사상이 사회를 유지하는 중요한 질서였다. 지금도 어르신들의 사랑방노릇을 하는 경로당이 동네마다 없는 곳이 없을 정도인 사정이 이러한 우리 사회의 뿌리 깊은 전통을 대변한다.

그러나 언제부터인가 우리 사회는 변모하기 시작했다. 서구에서 밀려온 산업화와 자본주의의 물결은 전통적인 농경사회였던 우리 사회의 구조를 급속히 해체했고 그 여파는 우리의 생각마저도 바꿔 놓았다. 생산성에 최우선 가치를 둔 산업화시대는 필연적으로 창의성과 생산성이 더 높은 젊은 세대를 사회의 중심에 서게 했고 대가족 위주의 농경사회에서 중요한 역할을 했던 노인의 경험과 지혜는 젊은 세대에게 자리를 물려줘야 했다.

여기다 대량생산과 대량소비를 바탕으로 한 부의 축척이 속성인 자본

주의는 현대인으로 하여금 물질주의적인 사고방식으로만 세상을 바라보게 만들었다. 그러다보니 우리 사회에서는 어느 사이 '은퇴한 노인은 무능하다'고 간주하는 경향이 생겨나게 되었다. 여기서 '은퇴한 노인'이란 경제활동에서 물러난 노인을 가리키는 것이고 '무능하다'는 경제적으로 능력이 없다는 의미이다. 노인을 경제적인 시각에서만 바라보는 것이다. 여기에다 노인이 정신적인 면에서도 구시대적인 사고방식을 가진 인물로만 치부하다 보니 노인은 젊은 세대가 부양해야 할 그야말로 부담스런 짐 정도로만 여겨지는 것이다.

노인과 노년기에 대한 정확한 인식은 개개인의 입장에서는 노년기를 행복하게 지내게 하는 전제조건이기도 하지만 사회적으로는 점점 심각성이 더해 가는 노인문제 해결의 실마리이기도 하다. 그러나 이에 대한 우리 사회의 잘못된 선입견은 노인과 노년기에 대한 정확한 인식을 방해하고 있다.

두 사람의 젊은이와 두 사람의 노인이 있다고 하자. 젊은 사람을 볼 때 우리는 그들이 같은 사람이라고 보지 않는다. 젊다는 공통점을 제외하고 그 두 사람이 가지고 있는 개성을 고려하여 별개의 인물로 본다. 그러나 노인을 볼 때 우리는 '고령'이라는 단 한 가지 이유만으로 두 사람이건 세 사람이건 한 데 묶어 '노인'이라는 몰개성의 호칭으로 묶어 버리는 경향이 있다. 그리고 한번 노인으로 보게 되면 그 사람만의 특징은 모두 사라지고 '노인'에 따르는 각종 고정관념의 틀로 그 '노인'을 바라보게 된다.

노인이라고 해서 모두가 같은 노인은 아닐 터인데 말이다. 젊은이들처럼 노인들도 능력이 다르고 건강상태가 다르고, 성격이 다르고 인간관계

우리 사회에는 노인이 더 잘할 수 있는 분야가 얼마든지 있는데도 노인에 대해 '무조건 무능하다'며 부정적인 시각으로만 보는 경향이 있다.

가 다르다. 그런데도 너무도 당연한, 이러한 사실을 우리는 종종 망각할 때가 있다.

　몇 해 전이던가. 어떤 정치인이 '노인들은 투표장에 나가지 말고 집에서 쉬시라'는 망발적인 발언으로 노인세대의 공분을 불러일으킨 적이 있다. 그 정치인의 의도야 그렇지 않았다고 믿지만 그 발언에서 '노인은 무능하다'는 뿌리 깊지만 근거 없는 사회적 편견의 일단을 짚어낼 수 있었기에 모두가 씁쓸함을 감출 수 없었다. 우리는 무의식중에도 노인이란 능력이 없는, 따라서 당연히 누군가에게 의존해야만 하는 존재로 생각하기 십상이다. 그러다보니 노인을 사회에서 할 수 있는 일이 전혀 없는, 부양의 대상으로만 여기게 된다.

　하지만 노인이라고 모두가 경제적, 정치적으로 무능한 것은 아니며 한 사회 안에서 노인들이 맡을 역할이 없는 것은 더더욱 아니다. 직업과 그에 대한 보수라는 경제적 경계를 넘어서면 일할 수 있는 노인은 얼마든지 있고 젊은이들 못지않게 사회에서 제 역할을 충분히 할 수도 있다. 오히려 나이든 노인이라야 더 잘 할 수 있는 사회적 역할도 얼마든지 있다.

노인에 대한 또 다른 사회적인 선입견은 노인병의 원인을 '나이가 들어서…'라며 무조건 노화 탓으로만 돌리는 것이다. 어린아이나 젊은 사람이 병이 나면 병원을 찾아 원인을 찾고 치료를 하는 것은 당연하게 생각하면서 노인이 병을 앓게 되면 '늙어서 의례 그러려니' 생각하고 방치하다가 적절한 치료시기를 놓쳐 손조차 쓸 수 없게 된 이후에야 병원을 찾는 경우가 허다하다.

노인과 노년기에 대한 정확한 인식을 가로막는 이러한 고정관념이나 선입견은 노인차별이라는 왜곡된 결과를 초래한다. 건강, 경제, 복지, 환경 등 노인문제에 대한 해법을 단지 '노인이기 때문'이라는 데 포커스를 맞추다보니 노인들의 다양성은 무시되고 올바른 대책이 나올 리 만무하다.

우리 사회는 전반적인 부의 증가와 현대의학의 발달로 노인인구가 과거에 비해 급속하게 늘어나 앞으로 10년내 우리나라의 노인인구는 20%를 넘어설 전망이다. 이에 비해 출산율은 세계최저수준을 기록하며 젊은 층의 인구가 점점 줄어들고 있는 추세이다. 이 같은 상황에서 노인과 노년기에 대한 부정적인 편견이 만연하면 만연할수록 노인문제는 앞으로도 우리 후손들에게 감당하기 어려운, 벅찬 짐으로만 남게 될 것이다.

한국 노인의 빈곤율과 자살율

경제규모 세계 15위의 경제대국인 우리나라는 OECD 34개 회원국 가운데 노인의 상대적 빈곤률 1위라는 불명예를 안고 있다. 상대적 빈곤률이란 중위소득을 기준으로 중위소득의 절반 이하의 소득을 얻는 인구비율을 말하는데 2013년 우리나라 노인의 상대적 빈곤율은 49.6%를 기록했다. 이는 우리나라 노인의 절반 가량이 노인 중위소득의 절반에도 못 미치는 소득으로 빈곤에 시달리고 있다는 의미이다. OECD 회원국 노인의 상대적 빈곤율이 12.6%인 것에 비해 현격한 차이를 보였다.

이러한 노인의 빈곤상태는 역시 OECD 회원국 중에서 가장 높은 한국노인의 자살율에도 중요한 원인으로 작용하는 것으로 보인다. 한국노인의 10.9%가 자살을 생각해본 적이 있으며 자살을 생각하는 이유로 경제적 어려움이 40.4%로 단연 으뜸이었으며 건강문제가 그 다음으로 24.4%를 차지했기 때문이다.

(2015년 5월 OECD 발표자료, 보건복지부-2014년 노인실태조사보고서 참조)

이같은 통계수치는 우리 사회가 처한 노인문제의 단면을 극명하게 보여주는 사례이다. 의술의 발전으로 수명은 과거에 비해 늘어났지만 이에 따른 사회적 대책, 특히 노인연금과 같은 노인복지정책의 미비가 불러온 결과이다.

노인들이 가장 힘들어 하는 빈곤, 질병, 고독, 무위無爲 4고苦 가운데서도 빈곤은 사회에 심각한 부담을 가중시키는 노인문제의 핵심이다. 경제활동을 하는 인구가 부담해야 할 사회보장비용이 증가하고 이로 인한 경제성장 둔화, 실업율 증가와 같은 각종 사회문제의 발생과 연결되기 때문이다.

노인빈곤에 대해서는 노인복지정책의 강화와 수명연장에 따른 경제활동기간을 더 늘리는 정년 연장제도, 노인일자리 창출로 인한 경제적 자립도모와 같은 제도적 해결방법이 있어야 할 것이다. 우리나라에서는 현재 시행하고 있는 소득보장제도들에 대해 근본적인 개선이 필요하다는 인식하에 국민연금, 공무원 연금 등의 개혁이 시도되고 있기는 하지만 각 계층간 이익충돌로 진전이 더딘 형편이다.

노인빈곤은 국가사회에 심각한 부담을 준다. OECD 회원국 가운데 가장 높은 상대적 빈곤율을 낮추기 위한 사회적 방안이 절실하다.

노화
얼마든지 늦출 수 있다

흔히 '제 명命대로 살다 갔다'거나 '천수天壽를 누렸다'고 하는 말에는 단순히 젊은 나이에 요절하거나 비명횡사하지 않았다는 뜻보다는 '큰 병'이나 '큰 고통' 없이 편안하게 돌아가셨다는 의미가 담겨 있다. 다른 말로 '무병장수無病長壽'가 되겠는데 이 무병장수의 삶을 누리는 것이야말로 이 세상에 더없는 행운이자 축복일 것이다. 그렇다면 무병장수 끝에 맞는 죽음도 누구나 꿈꾸는 '자연사自然死'가 될 것이다.

'자연사'란 질환에 의하지 않고 노쇠(노화)하여 자연스럽게 죽는다는 뜻이지만 현실에 있어 그런 행운은 거의 일어나지 않는다. 실제 사망원인의 통계나 의사의 사망확인서에도 '노화로 인한 사망(자연사)'는 없다. 고인이 생전에 제 아무리 건강하게 살았더라도 운명하는 순간에는 장기의 기능마비가 사망의 주원인이 되는 경우가 대부분인 까닭이다. 여기에는 사람이 죽는 이유를 어떠한 질환 때문이라고 보는 현대의학의 관점이 작용한다.

노인과 젊은 사람이 같은 질환을 앓더라도 노인은 더 심하게 앓고 또 그 질환으로 사망할 확률도 훨씬 크다. 예를 들어, 젊은 사람은 폐렴으로 사망하는 사람이 거의 없으나 노인은 폐렴으로 사망하는 사례가 많다. 폐렴균 자체가 노인에게 더 치명적이라기보다 노화로 인한 면역력이나 인체 저항력의 감퇴가 폐렴으로 인한 사망률을 높이기 때문이다.

이같은 이유로 노화를 질병의 하나로 보는 학자들이 있는가 하면 노년기에 주로 발병하는 질환을 노화현상으로 봐야한다고 주장하는 학자들도 있다. 결국 직접적이든 간접적이든 노화가 사망원인의 큰 비중을 차지한다는 것인데, 그렇다면 노화를 방지(노화를 '방지'한다고 하지만 노화를 '지연'시킨다는 표현이 적확할 것이다)하는 것만으로도 노년기를 대비한 건강비결이 될 수도 있을 것이다.

일반적으로 노화를 방지하거나 지연시키는 효과가 있다고 알려진 방법은 다음과 같다. 첫째는 각종 호르몬 보충요법들이다. 나이가 듦에 따라 여러 가지 호르몬 결핍 현상이 나타나고 이에 따른 각종 노화 증세가 발생한다. 대표적인 것이 폐경 후 여성호르몬 결핍에 따른 여성갱년기 증세와 골다공증 등인데, 실제로 많은 여성들이 여성호르몬을 사용하여 피로감이나 우울증, 불안감을 줄이고 관절이나 근육의 통증을 감소시키거나 생식기관의 퇴화, 피부노화, 골다공증 등을 치료해왔다. 때문에 최근 남성에서도 비슷한 치료를 시도하고 있다. 여성의 폐경처럼 극심한 변화는 거치지

노화를 방지하거나 지연시킨다고 알려진 방법은 여러 가지가 있지만 그중에서도 최고의 방법은 역시 운동이다.

않지만, 남성도 중년기에 접어들면서 서서히 남성호르몬 결핍이 나타나게 된다. 이를 보충할 때, 근력이나 성기능, 피로도, 기억력 등에 좋은 영향을 미친다는 보고들이 있다.

또한 대표적 노화 관련 호르몬이라 일컫는 성장 호르몬 주입은 노인에서 발생하는 근력 및 의욕저하, 골다공증 등 노화로 인한 변화에 긍정적인 효과를 보이는 것으로 관찰되어 노인병 클리닉에서 점차 많이 사용하고 있다. 남성호르몬이나 여성호르몬의 전단계 호르몬인 DHEA도 동물실험에서 비만, 당뇨병, 암, 신장질환의 발생을 감소시키고 면역기능을 강화시키는 효과가 있는 것으로 밝혀져 건강보조식품으로 각광을 받고 있다. 인체의 생체리듬을 총괄하는 뇌의 송과선 조직에서 분비되는 물질인 멜라토닌 역시 강력한 항산화효과로 노화에 따르는 퇴행성변화를 감소시킬 수 있다는 주장에 힘입어 인기를 모은다.

둘째, 손상이론에 근거한 항산화제의 섭취이다. 항산화제는 세포 내에서 발생한 활성산소들을 제거하거나 연쇄반응에 의한 활성산소발생을 차단하는 물질로 종류가 다양하다. 항산화제는 천연물질도 있고 합성된 물질도 있지만 대부분의 항산화제에 포함되어 있는 성분은 단독 투여만으로는 효과를 보장하기 어렵다. 비타민A, 프로비타민A, 비타민C, 비타민E, 미네랄, 엽산 등 각종 영양소와 항산화물질 등이 혼합되어 균형을 이루고 있는 자연상태의 채소나 과일 등을 고루 섭취하는 것이 가장 효과가 좋은 것으로 알려져 있다.

그러나 호르몬제나 항산화물질에 대한 연구들은 제한적이고 보조적 예방치료의 관점에 머무를 뿐, 이들 물질이 직접적으로 노화를 정지시키거나 지연시키는 효과가 있다는 직접적인 증거가 아직은 없다. 하지만 노화방지를 위해 시도되는 많은 방법들이 노화과정에서 나타나는 여러 질환의 예방과 치료에 유용하다는 과학적 연구가 속속 발표되고 있어 향후 호르몬제나 항산화제에 대한 관심과 실제 사용이 점차 늘어날 수도 있을 전망이다. 다만, 이러한 노화방지에 효과가 있다고 알려진 물질들에는 부작용이 이미 알려져 있어 주의를 요한다. 세간에 알려진 효과를 그대로 믿고 무턱대고 사용하거나 섭취하기보다 자신이나 가족의 몸 상태를 정확히 파악하고 의사와 상의하는 것이 좋을 것이다.

세번째 노화 예방법은 운동이다. 운동은 가장 중요하고 과학적으로 증명되면서 비용도 적게 드는 노화방지방법이다. 특히 달리기, 수영 같은 적절한 유산소 운동과 근력 운동은 우리 몸을 활기차게 만들면서 부족하기 쉬운 호르몬을 증가시키고 항산화 기능을 개선시킬 수 있다. 운동이야말로 진시황이 찾던 완벽한 불로초는 아니더라도 인생을 젊게 살 수 있는 최고의 비법이다.

노화

인간이 백년 이상을 살게 되는 세상이 도래했다고는 하지만 시간의 흐름에 따른 자연현상인 노화, 즉 늙어가는 것 그 자체는 누구도 피해갈 수 없으며 그리고 그 노화의 당연한 결과인 죽음 또한 그러하다.

"왜 사람은 늙게 될까?"

많은 학자들이 이에 대한 답을 구하려고 연구해왔지만, 아직까지 제시된 이론들 가운데 정설로 인정받는 것은 없다. 최근의 이론 중에는 신빙성이 높아 보이는 것도 있고, 이론은 그럴듯한데 과학적 증거가 부족한 것도 있다. 여태까지 학자들이 내어 놓은 노화이론은 크게 세가지 부류로 나눌 수 있는데 이들 이론은 크게 '진화론적 이론'과 '예정된 프로그램이론', 그리고 '손상이론' 쯤으로 나눌 수 있다.

'육체의 유기이론'으로도 불리는 진화론적 이론은 모든 생명체의 궁극적 목적이 자신이 지닌 유전적 정보를 보유하고 있는 후손을 널리 번식시키는 것이므로 생식 연령이 지나 자식을 성장시킨 생명체는 전체적인 자연생태계에서 볼 때 이미 생존의 목적을 이룬 존재이다. 따라서 이 시기가 지나면 서서히 기능이 쇠퇴하여 사멸하는 것이 당연한 결과이며 노화란 바로 종족 보전의 기능을 마친 생명체가 서서히 쇠퇴해 가는 과정이라고 본다.

일반적으로 인간노화의 시작은 청년기가 끝나는 30대 중반으로 보고 있는데 이 이론에 따르면, 인간이 종족번식의 의무를 다하고도 바로 죽지 않는 것은 만약의 경우를 대비한 여분의 능력까지 갖추도록 진화되었기 때문이라고 설명한다.

예정된 프로그램이론은 우리 몸에 이미 노화시계가 내장되어 있다는 주장이다. 즉, 식사 때가 되면 배가 고프고, 밤이 되면 졸리고, 아침이면 자다가 눈을 뜨는 우리 몸에 내장된 생리적 알람시계처럼 우리 몸에는 노화 시계가 내장되어 있어, 아무리 몸 관리를 잘하고 특별한 질병이 걸리지 않아도 자연스레 늙게끔 이미 프로그램화되어 있다는 이론이다.

즉, 우리 몸의 소화관이나 피부, 혈액세포처럼 일생동안 세포분열을 계속하여 기능을 유지하는 조직이 있는데 인체의 유전자에는 특정한 시기에 도달하면 세포분열이 감소되고 결국에는 정지되어 신체조직의 기능이 떨어짐으로써 노화가 진행된다는 것이다.

이 이론은 세포분열능력 한계의 원인이 무엇인지에 대해 설명하지 못했는데 최근 염색체의 끝에 있는 '텔로미어'라는 말단소립자의 기능이 밝혀지면서 그 이론적 정당성을 확보했다. '텔로미어'는 세포가 분열할 때마다 스스로 일정한 양을 희생하는데, '텔로미어'의 길이가 한계치에 도달하면 더 이상 세포분열이 안 되고 멈추면서 노화가 오는 것으로 풀이한다.

노화를 신체 변화들의 누적이라는 개념으로 보는 '손상이론'은 기계나 자동차를 오래 쓰면 부품이 마모되어 작은 고장이 불규칙적으로 발생하다가 결국에는 기능이 정지하는 것처럼, 인체도 여러 부위에서 작은 신체변화들이 누적되어 노화가 일어난다고 주장한다. 그러나 인간의 신체와 같은 유기체는 늙은 세포가 새로운 세포로 대체되고 세포내에서 신진대사가 이루어지는 복구시스템이 있으므로 결국 노화란 바로 이런 복구기능이 사라져 가는 것이란 설명이다. 복구기능의 저하는 이를 담당하는 DNA의 손상이 원인인데 DNA 손상의 원인이 무엇이냐를 두고 마모와 파열이론, 생존속도이론, 노폐물 축적이론, 횡적 연결이론, 자유라디칼이론 등이 있다.

이 가운데 대표적인 손상이론이 자유라디칼이론인데, 인체에서 이뤄지는 대부분의 대사과정에서 일시적으로 나타났다가 사라지는 물질들로 아주 강한 화학반응력으로 세포손상을 일으키는 자유라디칼에 의한 끊임없는 세포손상이 바로 노화라는 것이다.

이 자유라디칼은 여러 가지가 있으나 그중에서 활성산소들이 가장 일반적으로 알려져 있다. 세포의 호흡과정에서 다량으로 발생하는 활성산소는 쇠가 산화작용에 의해 녹슬 듯이 우리 몸을 녹슬고 파괴시키는 유해산소인데, 이들 활성산소의 발생을 억제하는 몇몇 비타민이나 멜라토닌, 미네랄 등이 노화를 방지하는 항산화제로 알려져 있는 연유이다.

건강한 노후
운동 습관이 답이다

　행복하고 건강한 노년을 보내기 위해서는 '노화'는 물론이고 노화에 따르는 '병고'도 노력에 따라 얼마든지 예방과 치료가 가능하다는 적극적인 마음자세가 필수적이다. 비약적인 발전을 거듭해 온 현대의학은 인간의 노화를 지연시키고 병과 고통을 경우에 따라 얼마든지 예방하고 치료하고 완화할 수 있는 능력을 지녔지만, 본인의 의지에 따라 현대의학은 훌륭한 건강지킴이가 될 수도, 아니면 냉혹한 방관자가 될 수도 있다.

　우리는 평소 '늙고 병들어…'라는 표현을 아무런 생각 없이 쓰고 있다. '늙는(老)' 것과 '병(病)드는' 것이 실과 바늘처럼 함께 오다보니 한 단어처럼 쓰는 습관이 생기게 된 것이라 여겨진다. 과거에는 몸이 노쇠하면 각종 질환이 생기기 쉽고, 그러다 자리보전을 하게 되어 머지않아 죽음에 이르는 것이 다반사였기 때문이다. 그러나 나이가 들어가니 노쇠현상이 나타나고 건강에도 이상이 생기는 것은 당연한 일이라는 이런 식의 체념은 제2의 인생을 질병과 허약함으로 불행하게 보내게 하는, 가장 경계해야 할 태도이다. 언어는 사고를 지배하고 사고는 행동을 지배하기 마련이다. 나이가 들어서도 건강한 삶을 누리려면 버릇처럼 내 뱉는 이런 자포자기식 한탄보다는 매사에 '내 나이가 어때서'라는 긍정적이고 적극적인 태도가 반드시 필요하다.

모든 일이 그렇겠지만 병을 이겨내고 건강을 회복하는 데에도 본인의 의지가 중요한 역할을 한다는 사실을 나는 병원을 운영하면서 종종 목격한다. 비슷한 뇌졸중 증세로 입원한 비슷한 연세의 어르신일지라도 어떤 분은 지속적인 운동으로 반신마비 상태에서 벗어나 퇴원까지 하는 분이 계신가 하면, 또 어떤 분은 기저귀에 의지한 채 병상에서 누워만 계신 분들도 있다. 그 두 경우를 곰곰이 들여다보면 결국 환자의 재활의지의 유무가 건강회복에 중대한 영향을 미치는 것을 알 수 있다. 결국 병의 극복도 마음먹기에 따라 결과가 판이하게 달라지는 것이다.

노년기의 건강관리도 다를 바가 없다. 어쩔 수 없이 나이를 먹기는 했지만 젊은 사람들조차 혀를 내두를 정도로 건강하게 생활하는 노인들이 있는가 하면 병든 노인처럼 부실한 젊은이도 허다하다. 같은 연세인데도 건강한 어르신이 계신가 하면, 여러 가지 질환으로 고통을 겪는 분도 있다. 이러한 건강의 차이는 그동안 자신이 어떠한 생활을 했고 건강을 위해 어떠한 준비를 했는지에 따라 좌우되겠지만 근본적으로는 건강에 대한 본인

노년의 행복한 삶을 누리려면 긍정적이고 적극적인 마음가짐과 건강한 신체가 뒷받침되어야 한다.

의 마음가짐과 자세의 차이에서 비롯됨은 두말할 필요가 없을 것이다.

우리병원에는 뇌졸중으로 몸을 제대로 움직이지 못해 입원한 어르신들이 제법 있다. 그 분들 가운데서 처음 병원에 들어오셔서, 재활치료를 위해 거동하는 것을 직원들이 도와드린다고 하면 '나도 혼자 할 수 있다'고 역정을 내시는 어르신을 종종 본다. 혼자서 몸을 움직이는 일조차 다른 사람의 도움이 필요한 자신의 신세가 믿기지 않도록 한탄스럽게 여겨지셨기 때문일 것이다.

사람이 행복을 느끼는 데에는 여러 조건이 있겠지만 그 가운데 가장 밑바탕이 되어야 할 것이 '신체적 자유'가 아닐까 한다. 사람이 자신의 마음대로 몸을 움직이고 가고 싶은 곳에 가고 먹고 싶은 것을 먹을 수 있는, 그런 '신체적 자유'가 있고 나서야 다른 것들도 추구할 수 있을 것이다. 제 아무리 고귀한 명예나 막강한 권력이나 엄청난 부를 가지고 있다 하더라도 제 한 몸 하나 제 맘대로 못 가눈다면 과연 무슨 의미가 있을까?

건강을 잃고 남의 도움 없이 거동조차 힘든 상황에 처할 경우, 행복은 고사하고 그 좌절감과 절망감으로 삶을 포기하고 싶은 극한 심정에 도달할 지도 모른다.

그러므로 행복한 노년기를 보내기 위해서는 신체기능이 가능한 더 떨어지지 않도록 건강을 유지하는 것이 관건이다. 남에게 의지하지 않고 독립적으로 일상생활을 유지할 수 있는 것을 목표로 지속적인 건강관리를 해야 한다

건강은 노력한 만큼 좋아진다. 부지런해야 건강한 몸을 유지할 수 있다. '늙는' 것이 아니라 '나이가 들어가는' 것이며 또한 이 나이조차도 숫자에 불과하다는 긍정적인 마인드로 노년기의 건강관리에 힘써야만 누구나 기다려지는 노년, 행복한 노년생활을 즐길 수 있을 것이다.

'건강'은 모든 행복의 근본이기에 세상 그 어떤 것보다 소중하다는 것은 삼척동자도 다 아는 사실이다. 그 가운데 노년기의 건강관리는 특히 세밀한 관심과 주의가 요구된다. '건강은 건강할 때 지켜야 한다'는 말은 어르신들의 경우 더욱 절실한 말이다.

젊은 사람도 한번 건강을 잃으면 돌이킬 수 없는 경우가 많은데 노인의 건강이야 더 말할 나위가 있을까. 더욱이 노인성 질환은 한 가지 병이 발생하면, 복수의 질환이 동시에 이환되어 만성의 경과를 보이는 일이 많기 때문에 치료는 물론 현상유지도 힘들어 질 수 있다. 따라서 노년의 건강관리는 무엇보다 예방에 중점을 두어야 한다. 그러나 아무리 병의 예방에 힘

쓴다 하더라도 사람이 60년 넘게 살아오면서 신체의 모든 기관이 무탈하길 바라는 것은 지나친 욕심이다. 이 나이쯤 되면 누구나 한두 가지쯤 앓고 있는 질환도 있기 마련이다.

그렇다면 노년의 건강관리는 어떻게 하는 것이 좋을까? 크게 세 가지로 나눠볼 수 있다. 우선 이미 발견된 만성적인 질환을 잘 치료하는 일이고, 둘째는 정기적인 건강진단으로 심각한 질환을 조기에 발견하여 완치하는 것, 그리고 셋째는 병을 사전에 예방할 수 있는 건강한 생활습관을 가지는 것이다.

이 가운데 어쩌면 가장 중요하면서도 혼자서도 실천이 가능한 것은 건강한 생활습관이다. 나이를 막론하고 모든 건강관리는 생활습관의 개선에서 비롯되지만 노년이 될수록 건강에 도움이 되는 올바른 생활습관의 습득과 주변환경에 대한 세심한 배려가 더욱 필요하다. 일상에서 쉽게 실천할 수 있는 생활 속 건강관리 방법을 살펴보자.

노인들에게 흔한 골다공증, 퇴행성관절염과 류마티스관절염 등 관절질환의 경우, 꾸준한 운동과 체계적인 치료, 비타민D와 칼슘섭취가 지속적으로 이뤄져야 한다. 노인들은 유제품을 섭취하지 않고 외출을 자주 하지 않는 경우가 많다. 우유와 같은 유제품은 칼슘섭취를 도와주고 외출이나 산책을 통한 햇볕노출은 피부에 비타민D를 생성하게 하여 면역력을 키우고 우울증 예방과 류마티스관절염의 통증완화에 도움을 준다.

나이를 먹으면 근육량이 현저히 떨어지기 때문에 노인들은 쉽사리 넘어진다. 노년기가 되면 몸을 바른 자세로 유지하는 근력이 약해지고 몸의 무게중심이 차츰 뒤로 가게 되는데 이를 막기 위해 몸이 점점 앞으로 굽게

노인의 독립생활

'노인이 혼자서 독립적으로 살 수 있는가'는 기본적 일상활동 (basic activities of daily living, BADL)과 도구적 일상활동 (instrumental aciviies of daily living, IADL) 을 관찰하여 수치로 평가한다.

기본적 일상활동 수치는 자기 자신을 돌보는 기본적인 능력으로 혼자서 목욕하기, 옷 입기, 화장실 사용하기, 몸을 움직여 잠자리에 들고 나거나 의자에 앉고 일어서기, 식사하기 등의 일상활동을 할 수 있는지 여부를 알아보는 것이다. 혼자서 이런 활동을 무리 없이 할 수 있고 여기다 요실금이나 대변실금이 없으면 노인이라도 독립적인 생활이 가능한 것으로 본다.

노년기에는 혼자서 목욕하는 것이 제일 먼저 힘들어지고 혼자서 식사할 수 없는 장애가 가장 나중에 온다. 위에서 언급한 활동 가운데 혼자서 목욕하기를 제외한 다른 항목에 이상이 있는 노인이 24시간 간호가 가능한 요양병원의 입원 대상자가 된다.

도구적 일상활동 수치는 기본적 일상활동에 비해 좀더 고도의 신체적, 정신적 능력을 요구하는 활동으로 노인이 독립적으로 사회생활을 하면서 살 수 있는지 평가하는 기준이 된다. 전화 사용하기, 운전 또는 대중교통수단을 이용한 이동가능 여부, 음식이나 옷을 살 수 있는 능력, 음식을 준비할 수 있는 능력, 약물의 관리 및 복용가능 여부, 금전관리 능력 등이 도구적 일상활동 능력이다. 기본적 일상활동에는 문제가 없지만 도구적 일상활동에 장애가 있는 어르신들은 양로원이나 요양원 등 노인거주시설의 입주대상자가 된다.

되어 마침내 지팡이를 짚게 되는 것이다. 적절한 운동은 점점 약해지는 노인들의 근력을 증강시켜 줄 뿐 아니라 고혈압, 심장질환, 우울증, 골다공증 등 여러 종류의 노인질환을 예방하고 치료하는 효과가 크다.

특히 평소에 전혀 운동을 하지 않던 노인의 운동효과는 더욱 크다. 노인에게 적합한 운동은 걷기나 가벼운 에어로빅 등 지구력에 좋은 운동이지만 할 수만 있다면 아령들기처럼 근육의 힘을 키울 수 있는 운동도 병행해주는 것이 좋다. 심폐기능 유지를 위해서도 하루 최소 20분씩 일주일에 사흘 이상의 규칙적인 운동이 필요하다.

대부분의 사람들은 나이가 들면 힘이 빠지고 근육이 쇠퇴하는 것을 나이에 따른 당연한 노화현상으로 여기고 있지만 운동부족에 의한 경우도 많다. 사람의 운동능력, 즉 근력과 지구력은 나이가 들면서 감소하는 것이 당연한 이치이지만 운동이 부족할 때 그 감소폭은 더욱 커진다. 노인이 하루 종일 침대에 누워있으면 근력의 1~5%가 감소하는 것으로 알려져 있다. 만일 어떠한 질환으로 노인이 상당기간 누워 있게 되면 기력이 고갈되어 걷거나 일어서는 것조차 힘겨워지게 되며, 또한 이를 회복하기 위해서는 많은 시간이 소요된다. 따라서 노년기에는 아무리 힘이 없거나 아파도 매일 조금씩이라도 몸을 움직여주어야 한다.

나이가 들면서 가장 주의해야 할 것은 절대 무리해서는 안 된다는 것이다. 과유불급過猶不及은 노년기 건강관리에서 반드시 지켜야할 철칙이다. 과로, 과식 등은 인생을 단축시키고 병을 키우는 지름길이 된다. 심지어 과수면도 피해야 한다. 몇 시에 잠자리에 들든지 일어나는 시간은 매일 같아야 한다. 늦잠을 자서는 안 된다. 운동도 마찬가지다. 나이에 비해 과도

한 운동량은 인체에 무리를 주게 되어 오히려 병을 얻게 만들 수도 있다. 우리 몸처럼 정직한 것도 없다. 신체나 정신에 무리가 쌓이면 당장에는 그 결과가 나타나지 않더라도, 언젠가는 병고로 드러나게 마련이다. 젊은 시절부터의 꾸준한 자기관리만이 곱고 정갈한 모습의 노년을 위한 최선의 방법이다.

만년을 활동적으로 즐기려면 뼈도 건강해야 한다. 골질량은 대략 40세부터 줄어들기 시작해 매년 1%씩 감소한다. 골다공증이 있으면 골질량 감소가 더욱 악화되어 골절로 이어진다. 골다공증은 주로 폐경기 여성들에게 나타나지만 남성의 15%도 걸린다. 어느 쪽이든 그 원인 중 하나는 운동 부족에 의한 골미네랄의 손실이다. 대책은 하루 칼슘을 최소한 1g(우유 1리터)섭취하는 것이다. 칼슘을 소모시키는 알코올과 담배는 골다공증을 악화시키게 되므로 절제하는 것이 좋다.

특히 흡연은 골다공증 뿐만 아니라 노년기의 주요 사망원인인 심장질환, 뇌졸중, 호흡기질환, 암 등의 질환과 관계가 깊다. 그런데 흡연이 인체에 미치는 폐해와 금연의 건강상 이점까지 널리 알려져 있지만 평생 담배를 피우다가 60이 넘은 나이에 갑자기 금연을 한다고 과연 건강에 이로운 점이 있을까 하는 의구심을 가질 수 있다. 그러나 금연에 따른 건강개선효과는 나이에 관계가 없다. 실제로 65세 이후 금연한 사람들에게서 3년 정도의 수명연장 효과가 있었다는 조사결과보고도 있다.

삶의 즐거움 가운데 '먹는 것'을 빼놓을 수 없다. 노년이 되면 입맛이 없다고 식사를 거르거나 대충 허기만 면하는 경우가 많다. 하지만 이러한 불규칙한 식사습관이 지속되면, 영양불균형과 영양불량으로 신체에 필요

노년의 건강을 유지하기 위해서는 금연, 적절한 영양분 섭취, 만성질환의 치료와 정기적인 신체검사 등 꾸준한 자기관리가 필수이다.

한 에너지가 저하되고 면역력이 떨어져 각종 질환에 노출되기 쉽다. 나이가 들면서 우리 몸에는 여러 가지 변화가 생기고 이에 따라 필요한 영양분도 다르다. 갓난 애기와 한창 왕성한 청소년의 식사가 다르듯 상황에 맞는 영양섭취가 필요하다. 노년기에는 단백질이 풍부한 식단을 유지하는 것이 좋다.

노인들의 경우, 냄새나 맛에 대한 민감도가 떨어지기 때문에 더 짜게, 더 자극적으로 음식을 장만하는 경우가 많다. 그러나 너무 짜거나 맵거나 한 자극적인 음식만을 섭취하다보면 건강을 해치고 혈압에까지 영향을 줄 수 있으므로 적당한 염분의 식사를 해야 한다.

노년에는 입맛뿐만 아니라 소화능력도 떨어진다. 치아와 잇몸손상, 타액분비의 감소로 저작능력이 떨어지고 음식물을 삼키기도 어려워 질 뿐만 아니라 위액분비량의 약화와 같은 위장의 기능과 소화흡수에 관계하는 담즙 등 내분비계 기능의 약화로 영양분을 흡수하는 것도 어려워진다. 따라서 노인을 위한 식사는 질기거나 딱딱한 재료는 얇게 저미는 방법 등으로 재료를 준비하고 최대한 연하게 가공하여 드시기 편하고 체내에서 흡수도 잘 될 수 있도록 배려하여야 한다.

노년기에는 정기적으로 심장, 신진대사, 청력, 시력, 유연성 검사를 받으며 자신의 몸 상태를 체크하는 것은 물론, 정기적인 예방접종도 빠뜨리지 말아야 한다. 독감으로 인한 사망자의 90%가 노인이므로 매년 맞아야 하는 독감예방주사는 노인 건강관리에 필수사항이다. 매년 접종하는 것은 아니지만 폐렴에 걸렸을 때 패혈증으로 악화되는 것을 예방하기 위해 폐렴 예방주사도 반드시 맞아야 한다.

각종 암의 조기진단도 필요하다. 자궁암 발생률이 높은 우리나라 여성들은 65세 이후에도 매년 자궁암 검사를 받아야 할 필요가 있으며 나이가 들수록 발병률이 증가하는 유방암 역시 매년 진단을 받아보는 것이 좋다. 노년기 남성이라면 전립선암과 대장암, 폐암 등의 정기검사를 권장한다.

영양주사

일반인들 사이에 링거나 영양제가 무슨 보약이나 만병통치약처럼 생각되는 경향이 있다. 노인들이나 오랜 지병 등으로 몸이 허약한 환자가 가벼운 증상으로 병원에 들르면 흔히 링거나 영양제 주사 한 대쯤은 맞고 나서야 비로소 몸에 기운이 돋는 듯 환자나 보호자 모두 개운함을 느끼며 돌아간다.

그러나 일반인의 막연한 기대와 달리 영양제의 실제효과는 기대만큼 그다지 크지 않다. 영양주사는 음식을 전혀 먹지 못하거나 튜브로 영양을 공급할 수 없는 환자에게 정맥주사로 열량, 수분, 비타민, 전해질 등을 공급하는 치료법인데 음식을 먹는 데 문제가 없는 노인이나 정상체중인 노인, 더 나아가 비만인 노인에게 영양주사를 놓는 것은 바람직한 일이 아닐 것이다.

흔히 말하는 영양주사는 포도당이나 아미노산 또는 알부민으로 무슨 대단한 효능이라도 가진 것처럼 우리나라 사람들이 선호하는 약물들이지만 이러한 영양주사의 원래 취지와 달리 열량공급면에서는 거의 도움이 되지 않는다. 영양주사 중에서 가장 많이 사용하는 5% 포도당 용액은 500cc 한 봉이 밥 서너 숟가락에 해당하는 85kcal의 열량밖에 없어 하루에 필요한 열량을 채우려면 무려 20봉 이상을 맞아야 한다. 또 링거액이나 생리식염수에는 영양가는 전혀 없고 전해질과 수분만 들어 있다.

그런데도 병원에서 포도당이나 링거액 등을 사용하는 이유는 급성 위염, 설사, 독감, 가종 발열성 질환 등으로 탈수상태가 된 환자에게 수분을 공급하고 일시적으로 식사를 못하게 된 환자에게 최소한의 영양분을 공급하기 위해서이다. 실제 탈수상태에 이른 환자가 이런 영양주사를 맞으면 즉각적이고 눈에 띄는 효과가 나타나므로 이를 본 일반인들이 '대단한 원기회복제'로까지 여기게 된 것이다.

알부민이 주성분인 영양주사는 한국전쟁 때 과다출혈로 쇼크에 빠진 환자에게 부족한 혈액 대신 대용 혈장이나 대용 혈액으로 사용되어 혈압을 일시적으로 상승시킨 것이 과

장되게 소문이 나는 바람에 작용으로 한국인들에게 '기적의 명약'처럼 인식되어 왔다. 하지만 일시적인 혈압 상승 말고는 영양보충이나 기력회복에는 효과가 없으므로 극소수 특수한 질환을 가진 환자에게만 투여되고 일반적인 영양보충용으로는 사용되지 않는다.

나를 잃어가는 병
치매

치매와 전신마비로 투병 중이던 아내를 살해한 70대 남성이 항소심에서도 징역형을 선고받았다. 서울고법 형사2부(부장판사 김용빈)는 살인 혐의로 기소된 황모(70)씨에게 원심과 같이 징역 3년을 선고했다고 19일 밝혔다.

황씨는 2013년 뇌출혈로 쓰러진 후 치매와 전신마비를 앓던 아내 A씨를 간호하다 지난 1월 목을 졸라 살해한 혐의로 기소됐다. 황씨는 A씨가 쓰러진 후 요양병원에서 치료를 계속했지만 회복의 기미가 보이지 않자 회의를 느껴 함께 죽기로 마음먹고 범행을 저지른 것으로 조사됐다.

〈2015. 06. 19. 조선일보〉

중증 치매환자를 오랫동안 집에서 직접 간호하던 배우자나 자녀 등 가족에 의한 살인 및 자살 사건은 노인치매환자의 급증으로 나타나고 있는 심각한 사

나를 잃어버리는 병 치매는 자신뿐 아니라 가족에게도 상당한 부담을 주는 질환으로 아직까지 뚜렷한 치료방법이 개발되지 않은 만성질환이다.

회문제를 단적으로 보여준다.

2014년 국회예산정책처의 '치매관리사업의 현황과 개선과제'보고서는 2014년 10명 중 1명꼴(9.58%, 61만명)인 우리나라 65세이상 노인의 '치매유병률'이 오는 2020년에는 10.39%(84만명), 2050년에는 15.06%(217만명)까지 치솟을 것으로 내다봤다. 관자재병원만 해도 입원환자 수의 30%가 치매를 앓고 있다.

이 보고서에 따르면, 이러한 치매환자 증가로 인한 사회적 비용이 2013년 기준 11조7000억원(국내총샌상:GDP의 약 1.0%)에서 2050년에는 43조2000억원(GDP의 약 1.5%)까지 상승할 것으로 추정됐다. 노인치매가 가정의 울타리를 넘어 사회와 국가에도 벅찬 부담을 주는 요인이 될 것이라는 것을 암시한다.

노년기의 대표적인 질환인 치매는 환자 자신뿐만 아니라 가족에게도 상당한 부담을 주는 질환으로 아직까지 뚜렷한 치료방법이 개발되지 않은 만성질환이다. 치매는 그 원인에 따라 알츠하이머병에 의한 치매, 혈관성 치매, 신경질환이나 만성질환에 의한 치매, 영양장애와 뇌수종이나 뇌암, 말기 매독 같은 질환과 우울증에 의한 가성치매 등이 있다.

이 가운데 60~70%를 차지하는 것이 알츠하이머형 치매이며 그 다음이 주로 뇌졸중으로 인해 발생하는 혈관성 치매가 20%에 이른다. 두 가지 유형의 치매를 동시에 가지고 있는 환자도 10%나 된다.

알츠하이머형 치매의 주요인은 노화 자체이므로 나이가 많아질수록 걸릴 위험성이 커진다. 65세 이상의 연령층에서 10명 가운데 1명이 걸리지만 85세 이후에는 4~5명이 걸린다. 이 병의 또 다른 요인은 가족력이다. 부모로부터 받은 유전적 소질의 정도에 따라 중·장년층에서도 발병할 수 있으므로 가족 가운데 이 병을 앓은 경우가 있다면 주의가 필요하다.

알츠하이머형 치매를 완벽하게 치료할 수 있는 방법은 현재로선 없다. 이러한 탓에 특정한 약품이나 건강식품, 건강보조기구 등이 치매의 예방과 치료에 탁월한 효과가 있다는 과장광고로 노인들을 현혹하는 경우가 종종 있다. 그러나 인지기능과 연관되어 증상을 완화시키거나 진행을 둔화시키는 약물들이 속속 개발되고 있기에 머지않아 완치는 어렵더라도 당뇨병이나 고혈압처럼 조절이 가능한 질환은 될 수 있다는 낙관적인 전망이 나오고 있다.

혈관성 치매는 뇌혈관질환에 의해 뇌의 손상이 누적되어 나타나는 치매를 말한다. 서서히 진행되는 알치하이머형 치매와 달리 비교적 급격하게 시작되는 혈관성 치매는 고혈압, 당뇨병, 고지혈증, 심장병이 있거나 흡연자, 비만한 사람에게 주로 나타나는데 이 중에서도 고혈압이 가장 무서운 위험요소이다. 고혈압에 의한 뇌경색이 반복될 경우 다발성 뇌경색성 치매가 발생하고, 뇌의 작은 혈관 손상이 누적되면 소혈관성 치매에 이른다.

일부 혈관성 치매와 다른 질환으로 생기는 치매는 초기에 발견하면 더 이상의 진행을 막을 수 있고 상당한 회복을 기대할 수도 있다. 뇌졸중으로 인한 혈관성 치매는 뇌수술을 통한 손상부위의 제거로, 알코올 남용, 파킨슨병, 헌팅턴병 등으로 인한 치매는 그 원인질병이 호전되거나 치료되면 증상도 따라서 호전되는 경우도 많다.

치매는 대부분 치료와 진행속도를 늦추기가 어려운 비가역성 질병이기에 초기 진단과 예방이 매우 중요하지만 치매의 초기 진단은 매우 어렵다. 초기에는 뇌기능장애가 미미하기 때문에 본인은 물론이고 함께 살고 있는 가족들도 알아차리기 힘들며 의사마저도 특별히 치매를 의심하고 자세한 진찰을 하지 않고서는 알아내기가 힘들다. 나이가 들면 당연히 기억력이 퇴화한다는 선입견과 치매는 발견되어도 별다른 치료방법이 없다는 인식 또한 치료를 통한 치매증상의 지연과 호전을 가로막는 요인이 된다.

치매환자들이 사회적으로 고립된 상태에서는 인지적 손상이 가속화되지만 적절한 지적 자극을 통해 인지 기능을 반복적으로 사용하게 되면 인지적 손상이 지연되거나 완화된다는 많은 연구보고가 있다. 이러한 결과를 토대로 치매 치료에는 약물치료와 별도로 작업치료, 음악치료, 미술치료, 원예치료 등 심리적 안정과 두뇌활동에 도움을 주는 치료법이 병행되고 있다.

치매 환자들이 보이는 인지적 손상의 속도는 주변 환경에 따라 달라질 수 있다. 따라서 가족이나 주변 사람들과 친밀한 관계를 유지하고 긍정적인 감

장기치료를 요하는 치매의 치료는 가족을 비롯한 주변인들의 관심과 배려, 인내와 사랑이 절실히 요구된다.

정을 교류하는 것도 큰 도움이 된다. 즉 계속적인 정서자극과 다양한 감정 체험은 치매 증상의 악화를 방지하거나 지연시키는 효과를 가져 올 수 있으므로 가족을 비롯한 주변사람들의 따뜻한 격려와 이해, 배려가 필요하다.

치매 환자를 가정에서 직접 간호하는 일은 매우 힘들다. 더구나 환자를 수발하는 사람이 고령의 배우자일 경우에는 더더욱 힘든 일이다. 치매 환자는 정상인보다 감정의 기복이 심하기 때문에 화를 심하게 내거나 공격적이거나 때로는 우울해지기도 하는 등 괴팍한 행동을 하기도 한다. 이는 뇌의 이상에 따른 것이기도 하지만 치매로 인한 기억력 감퇴 같은 증상과 자신의 처지에 따른 두려움, 공포, 갑갑함과 같은 감정을 마음대로 표출하지 못해 생기는 것이다. 치매환자를 간병할 때는 먼저 치매 환자를 대하는 올바른 태도와 마음가짐이 무엇보다 중요하다.

치매 환자의 간병을 위해선 먼저 치매에 대한 정확한 정보와 지식을 알아두어야 한다. 치매의 주된 증상과 경과, 치료방법, 간병시 주의점 등 치매에 대한 상세한 정보를 알고 있어야 효과적으로 간병할 수 있으며 극심한 간병의 스트레스를 떨쳐버릴 수 있다. 그래야 환자가 상식적인 판단으로는 도저히 이해할 수 없는 행동을 하게 되더라도 이해할 수 있게 된다. 치매환자는 '치매'라는 심각한 질병을 앓는 '환자'로 보아야 한다. 환자의 이상증상을 결코 진심에서 우러나온 정상적인 행동이라고 판단해서는 안 된다.

내가 평소에 알고 있던 자상한 부모님의 모습을 기대하면 할수록 분노와 실망감, 죄책감 등이 쌓여 결국 간병인은 감당하기 어려운 극심한 스트레스에 시달리게 된다. 이러한 스트레스가 쌓이게 되면 급기야 환자에게 핀잔을 주거나 화를 내게 되고 심한 경우, 노인학대로 이어지거나 환자와 간병인 모두 돌이키지 못할 극단적인 상황에 처할 수도 있다. 그러나 치매 환자 간병시에 느끼게 되는 심리적 스트레스는 누구나 겪게 되는 자연스러운 현상이므로 간병인은 그러한 감정을 주변에 솔직히 고백하고 불필요하게 자신을 책망할 필요가 없다.

치매는 장기치료를 요하는 질병이며 치매 간병은 육체적으로나 심리적으로나 엄청난 부담으로 작용하므로 가족들이 책임을 분담하는 것이 바람직하다. 치매환자의 간병책임을 서로 미루거나 간병을 소홀히 하여 가족들 사이에 심각한 갈등을 겪는 경우를 흔히 목격한다. 관자재 병원에도 그런 풍파를 겪고 나서야 어르신을 입원시키는 경우가 종종 있지만, 치매 환자를 가정에서 간병할 여건이 안 되거나 증세가 심한 경우에는 치료시설에 입원시키는 것도 고려해야 한다.

자식된 도리로 치매에 걸린 부모를 치료시설이나 요양병원으로 보내는 것을 마치 '현대판 고려장'을 행하는 것 같은 죄책감에 주저하게 되는 경우가 많다. 하지만 치매환자를 가정에서 장기간 간병함으로써 가족간 갈등과 환자의 질병을 심화시켜 환자나 가족 모두에게 극심한 고통을 주는 것보다는 병원에서의 효과적인 간호와 치료가 모두를 위한 현명한 선택일 수 있다.

치매와 건망증

치매란 나이가 들어서 뇌에 발생한 각종 질환으로 인해 인지기능을 상실하고 이로 인해 일상생활조차 수행할 수 없게 되는 질환을 말한다. 이에 반해 나이가 들면서 뭔가 잊어버리는 일이 잦아지는 노인건망증은 치매가 아니다. 그러나 단순한 기억장애도 치매로 발전할 수 있으므로 기억력에 문제가 있는 경우 반드시 검사를 해야 한다.

치매와 건망증의 차이

건 망 증	치　매
사건의 세세한 부분만 잊는다.	사건 전체를 잊어버린다.
귀뜸을 해주면 금방 기억한다.	귀뜸을 해주어도 기억하지 못한다.
기억력에 문제가 있는 것을 인정하고 보완하려 한다.	기억력에 문제가 있다는 것을 모르거나 인정하지 않는다.

치매를 예방하려면

현재의 의학수준으로 치료가능한 가역성 치매의 경우 대부분 증상의 일부를 개선하거나 증상의 악화를 늦출 수만 있을 뿐 완치는 어렵다. 그러므로 치매는 그 어떤 병보다 예방이 중요하다.

치매를 예방하기 위해서는 우선 체력과 건강을 유지해야 한다. 산책, 가벼운 에어로빅이나 등산 등 적절하고도 규칙적인 운동과 신체활동으로 신체기능이 급속히 노화되지 않도록 하고 다양한 영양소를 균형있게 섭취하는 식생활은 물론, 과도한 음주나 흡연을 삼가야 한다. '치매를 예방하려면 고스톱을 쳐라'는 말처럼 인지적 기능을 유지할 수 있도록 바둑, 장기처럼 지적능력을 요구하는 놀이나 독서 같은 취미활동을 하는 것이 좋다.

또한 적당한 사회적 활동을 이어가는 것도 필요하다. 친구집단이나 동호회, 종교모

임, 아니면 거주하는 지역의 경로당에라도 나가 다양한 주제의 대화와 정서적 교류를 가지는 것이 치매예방에 유익하다. 특히 자녀가 분가한 가정에서는 손자녀나 자녀와 가능하면 자주 만나 혈육의 정을 나누는 것이야말로 생활의 즐거움과 활력을 제공하는, 더없이 효과적인 치매예방책이 될 수 있다.

육신을 허하게 만드는
뇌졸중과 낙상

치매와 더불어 노인들의 일상생활을 어렵게 하는 질환은 뇌졸중이다. 뇌졸중이 발병하면 다른 사람의 도움없이는 일상생활은 물론이고 자신의 몸조차 제대로 운신할 수 없는 딱한 처지에 처할 수 있다.

30년 전만 하더라도 한국인 사망원인 1위를 차지하기도 했고 아직까지도 심장질환과 함께 암 다음으로 가는 한국노인의 주요 사망원인이기도 한 뇌졸중은 그만큼 노인들에게 빈번하게 발생하는 질병이다. 흔히들 '중풍' 또는 '풍'이라 불리우는 뇌졸중은 뇌혈관 이상으로 발생하는 뇌기능 장애이다. 부분적 또는 전체적으로 생기는데 급속하게 뇌기능 장애가 진행되어 상당 기간 이상 지속된다. 뇌졸중은 뇌혈관이 막혀서 발생하는 뇌경

노년기에 발생한 뇌졸중은 완치가 어려운 경우가 많으므로 뇌졸중 전조현상이 발생하면 즉시 병원을 찾는 것이 좋다.

색(허혈성 뇌졸중)과 뇌혈관의 파열로 혈액이 뇌 조직의 내부로 유출되어 발생하는 뇌출혈(출혈성 뇌졸중)로 분류된다.

뇌졸중이 발생하면 뇌 속의 산소부족으로 뇌세포가 죽어 버림으로써 그 뇌세포가 담당하고 있던 인체의 일부분이 기능을 못하게 되는데 가장 흔한 증상이 인체의 좌측 또는 우측 반신의 감각이상 및 운동마비 증상이다. 중장년기에 발병하면 치료 후 정상적인 생활로 돌아가는 경우도 있지만, 노년기에 발병한 뇌졸중은 치료 후 지속적인 재활훈련에도 완치가 어려워 장애를 가지고 생활하게 되는 경우가 많으며 심한 경우 남은 생을 침대에만 누워서 보내야 할 수도 있다.

초대받지 않는 손님 뇌졸중은 어느날 갑자기 예고없이 찾아오지만, 사실 그 원인이 되는 뇌혈관의 이상은 이미 오래전부터 진행되었던 경우가

뇌졸중 예방도 생활 속에서 실천이 가능하다. 금주, 금연은 물론이고 기름지고 짠 음식 삼가기, 충분한 숙면, 적당한 운동 등이다.

대부분이다. 즉 혈관의 병이 진행되어 혈관이 견디지 못할 정도가 되어 터지거나 막혀서 나타나는 증상이 뇌졸중이기 때문이다. 따라서 고혈압, 당뇨, 심장질환, 고지혈증, 동맥경화증 등 선행질환이 있는 사람들은 뇌졸중 발병 확률이 당연히 높아진다. 생활 속에서 실천할 수 있는 뇌졸중예방법은 다음과 같다.

첫째, 뇌졸중 예방 프로그램에 참여한다. 보통의 경우 50대부터, 그러나 고혈압, 심장병, 고지혈증, 동맥경화증 등 주요 뇌졸중 위험 인자가 있는 경우 40대부터 정기적으로 프로그램에 참여해 체계적으로 뇌혈관 질환 위험 인자의 존재 여부를 확인하고 뇌졸중 위험도를 평가해야 한다.

둘째, 규칙적인 운동을 1회당 30분 이상, 1주일에 4회 이상 하는 것이 좋다. 단 환절기와 수은주가 급속히 떨어진 날에는 몸의 보온에 각별한 신경을 써야 한다. 고혈압이나 비만인 노인은 화장실, 목욕탕 등 급격한 기온변화가 있는 곳에 출입할 때 각별히 주의하여야 한다.

셋째, 과식하지 않으며 짜게 먹지 않는다. 특히 기름진 음식은 피하고 채소와 생선을 충분히 섭취한다. 담배는 절대로 피우지 않아야 한다. 술은 삼가는 것이 원칙이지만 부득이 한 경우는 한두 잔으로 끝낸다.

넷째, 고혈압, 심장병, 당뇨병, 동맥경화증, 고지혈증 등 때문에 의사가 처방한 약은 마음대로 중단해서는 안 되며 정기적으로 혈압, 혈당, 콜레스테롤 수치를 측정하여야 한다.

다섯째, 스트레스는 최대한 빨리 건전한 방법으로 풀어야 하며 충분한 숙면을 취해야 한다.

무슨 일에나 그렇지만 뇌졸중 예방은 본인의 강력한 의지와 노력으로부터 출발한다. 어느 누구도 대신해 줄 수 없다는 것을 명심하고 일시적인 노력으로 끝나서는 안 되며 지속적으로 실천해야 한다. 뇌졸중 치료 후 재활훈련도 마찬가지이다. 관자재병원에도 많은 어르신들이 뇌졸중 후유증으로 입원하신다. 이 분들 가운데 비슷한 마비증세로 입원하셨지만 의지를 불태우며 열심히 재활훈련에 몰두한 결과 댁으로 돌아가시는 분이 계신가 하면, 그저 현상유지에 만족하며 주로 누워서만 생활하시는 분도 계신다. 보람과 안타까움이 교차하는 이러한 결과를 보며 '병의 극복조차도 결국 마음가짐에서 출발한다'는 평범한 이치를 문득문득 깨닫는다.

그런 까닭에 나는 뇌졸중으로 우리 병원에 입원하시는 분들을 뵐 때마다 재활의지를 북돋워드리는 것은 물론이고 직원들에게도 '댁으로 돌아가고 싶지 않으시냐'고 자주 묻고 '침대에 누워 계시게 하지 말고 물리치료와 운동 같은 재활치료를 적극적으로 해 보시라'고 권유한다.

엄밀히 말해 질환이 아닌 안전사고지만 노인에게 치명적인 결과를 일으키는 것이 바로 낙상이다. 낙상은 넘어지거나 떨어져서 몸을 다치는 것으로 노인의 경우, 낙상으로 일상생활을 못하게 되는 것은 물론이고 심각한 신체기능의 손상이나 합병증으로 급기야 사망에까지 이를 수도 있다.

골다공증이 있는 노인이 넘어지면 약해진 뼈가 부러질 위험이 크다. 낙상으로 인해 팔목뼈, 척추뼈, 대퇴골 골절이 가장 많이 생기는 데, 이런 경우 후유증에 의한 폐렴, 근육 퇴화, 거동장애 등이 생길 수 있으며, 한 번 넘어진 노인이 다시는 걷지 못하게 되는 경우도 있다.

2014년 한 해 동안 우리나라 전체노인의 25.1%가 낙상을 당한 것으로 조사되었으며 이들이 1년 동안 당한 낙상횟수는 평균 2.3회이며 낙상으로 병원치료를 받은 경우는 63.4%로 나타났다.(2014년 노인실태조사. 보건복지부) 관자재병원 입원환자의 20% 가량도 낙상으로 거동이 불편한 어르신들이다.

노인들이 낙상하는 가장 큰 요인은 보행 및 균형감각의 장애이다. 노인들은 노화로 인한 근육과 반사신경의 퇴화로 한번 몸의 균형을 잃게 되면 그대로 넘어질 수밖에 없다. 그러므로 걸음걸이가 불안한 노인은 근육강화운동이나 걸음걸이 연습, 지팡이나 보행기 사용 등으로 안정된 걸음걸이를 되찾는 것이 관건이며 낙상이 두려워 자리보전만 하기보다는 활발하게 움직임으로써 근력과 균형감각을 키우는 적극적인 자세가 낙상에 대한 최선의 대비책이다. 시각이나 청각에 장애가 있는 노인은 안경이나 보청기

뇌졸중의 전조

- 신체 한 쪽에 갑자기 힘이 빠지거나 감각이 둔해진다.
- 시야장애가 생기거나 갑자기 한 쪽 눈이 안 보인다.
- 말이 잘 안되거나 이해를 하지 못하거나 또는 발음이 어둔해진다.
- 갑자기 어지럽고 걸음이 휘청거린다.
- 전에 경험하지 못했던 심한 두통이 갑자기 생긴다.

　뇌졸중은 최근 의학의 발전으로 발병 3~6시간 안에는 치료할 수 있는 기회가 있다. 뇌혈관이 막히더라도 신경세포가 완전히 손상된 부위의 주변 조직 변화는 발병 6~8시간 이내에 다시 혈류가 증가하면 회복이 가능하다. 그러므로 위와 같은 증상이 발견되면 가능한 빨리 병원을 찾아야 한다.

일과성 뇌허혈 발작(TIA)

　마치 뇌경색이 일어난 듯 급하게 일시적으로 손발이 마비되거나 반신이 저리거나 하는 증상이 나타났다가 24시간 이내에 완전히 증상이 사라져 버리는 증상을 일과성 뇌허혈 발작이라 하며 이러한 증상 역시 뇌졸중의 경보로 간주되며 일과성 내허혈이 의심되면 속히 전문의와 상담하는 것이 바람직하다. 또한 갑자기 물체가 이중으로 보이는 증상, 또는 갑자기 손에 힘이 들어가지 않아 물컵 등을 떨어뜨리는 증상 등이 있어도 의심할 수 있으므로 의사의 진찰을 받아보는 것이 좋다.

노인의 낙상을 막기 위해서는 노인이 생활하는 공간에 대한 세심한 주의와 관심이 필요하다.

를 이용한 보정이 필요하다. 평소 호르몬제나 칼슘제제 등을 복용해 골다
공증을 미리부터 예방하는 준비도 필요하다.

낙상이 발생하는 장소로는 거주하는 가정에서 발생하는 경우가 전체의
반 이상을 차지하므로 노인들이 생활하는 공간에 대한 주의와 관심이 필
요하다. 특히 거동이 불편한 어르신들은 낙상율이 40.0%로 건강한 노인
의 낙상률 21.8%에 비해 두 배 가량 더 높으므로 노인환자들이 이용하는
의료기관에서의 낙상방지시설과 대책은 필수적이다. 입원환자들이 낙상
할 경우 곧 의료사고로 연결되기 때문이다.

관자재병원에서도 어르신들의 낙상예방을 위해 모든 입원환자들의 낙상
위험도를 평가하여 고위험군과 저위험군으로 나누고, 고위험군에 속하는
환자는 침상에 낙상주의 표지판을 부착하고 병원 직원들이 정보를 공유하

여 환자가 병원내 어디에 있든 관찰하고 주의를 기울이게 했다. 병원 구석 구석에 낙상방지시설을 설치한 것은 물론이고 환자들이 다니는 동선을 따라 곳곳에 주의표지와 포스트를 부착해 낙상에 대한 주의를 환기하고 있다. 아울러 이러한 낙상예방활동 결과를 정기적으로 평가하고 개선함으로써 행여나 일어날 수 있는 불의의 사고로부터 어르신들의 건강을 지키기 위해 최선의 노력을 기울이고 있다.